CHINESISCHE TIERKREISZEICHEN

herausgegeben von
Patrick Ravignant

HUND

1910 · 1922 · 1934 · 1946
1958 · 1970 · 1982

von
Catherine Aubier

unter Mitarbeit von
Josanne Delangre

Deutsche Erstveröffentlichung

WILHELM HEYNE VERLAG
MÜNCHEN

HEYNE TIERKREIS-BÜCHER
Nr. 14/119

Titel der französischen Originalausgabe
ZODIAQUE CHINOIS
LE CHIEN
erschienen bei M. A. Editions, Paris
Deutsche Übersetzung von Jutta Hein

4. Auflage

Printed in Germany 1991
Bildnachweis: Privatarchiv Catherine Aubier und J. B. Duméril; Nghiêm Toan/
Louis Ricaud, Collection Unesco; Vever Collection, Jack Millier, Band 1, 2, 3
(Sotheby Parke Bernet, 1976); Gale Catalogue of Japanese Paintings and Prints,
Jack Millier (Sanders-Valansot Publication, 1970)
Umschlagzeichnung: Patrice Varin
Umschlaggestaltung: Atelier Ingrid Schütz, München
Satz: Schaber, Wels
Druck: Pustet, Regensburg

ISBN 3-453-46171-1

INHALT

VOM UMGANG MIT DIESEM BUCH

Jedes Kapitel dieses Buches bietet Ihnen eine besondere Möglichkeit an, Ihre Persönlichkeit im Rahmen des chinesischen Horoskops anzusiedeln. Diese unterschiedlichen Perspektiven ergeben einen erweiterten Gesichtspunkt, der sich abwechslungsreich und einfühlsam mit den Hauptrichtungen Ihres Charakters, Ihres Verhaltens und mit den großen Linien Ihres Schicksals befaßt.

I

Welches sind die besonderen Charakteristiken Ihres chinesischen Sternzeichens, das von Ihrem Geburtsjahr bestimmt wird? (S. 23)

II

Welches ist Ihr Weggefährte, das heißt das Zeichen, das durch Ihre Geburtsstunde bestimmt wird? (S. 65)

III

Welches ist Ihr Element (Erde, Wasser, Feuer, Holz, Metall), und welche Charakteristiken hat es? (S. 75)

IV

Die Synthese Ihres chinesischen und Ihres westlichen Sternzeichens (Widder, Stier usw.) liefert zahlreiche Nuancen, mit denen sich Ihr psychologisches Porträt einfühlsam umreißen läßt. Schlagen Sie unter dem Mischtyp nach, zu dem Sie gehören. (S. 105)

V

Das astrologische Yi-King-Spiel wendet das antike taoistische Buch der Wandlungen auf jedes chinesische Sternzeichen an. Es bietet Ihnen die Möglichkeit, Fragen zu allen Sie betreffenden Problemen zu stellen – alltäglichen und allgemeinen –, und Sie bekommen ein Ihrer Situation entsprechendes Orakel. (S. 121)

DIE GEHEIMNISSE DER CHINESISCHEN ASTROLOGIE

所固不可。然聖人如此說、便是有此理。問死者魂氣既散、而立

須聚得些子氣在這裏否。曰、古人自始死、弔魂復魄、立重設主、

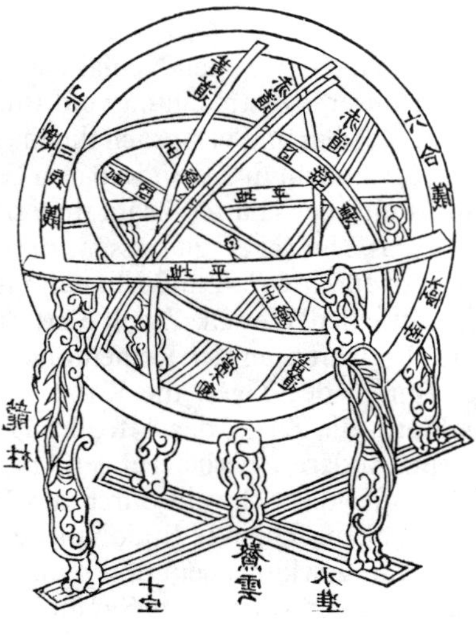

Die Legende von Buddha

Zu einem bestimmten chinesischen Neujahrsfest, mehr als fünf Jahrhunderte vor unserer Zeitrechnung, lud Buddha alle Tiere der Schöpfung zu sich ein und versprach ihnen eine Belohnung als Zeichen seiner Allmacht und wunderbaren Güte. Den Geist von Tagesgeschäften überschattet – sagt man nicht im Orient, das Typische für das Tier sei es, zu fressen, zu schlafen, sich zu paaren und sich zu fürchten? –, mißachteten fast alle die Aufforderung des göttlichen Weisen. Zwölf Vertreter waren dennoch anwesend. Es waren, in der Reihenfolge ihrer Ankunft, die Ratte, der Büffel, der Tiger, die Katze, der Drache, die Schlange, das Pferd, die Ziege, der Affe, der Hahn, der Hund und das Schwein. Andere Überlieferungen ersetzen die Katze durch den Hasen und das Schwein durch das Wildschwein.

Um ihnen zu danken, schenkte Buddha jedem der Tiere ein Jahr, das ihm fortan gewidmet sein und seinen Namen tragen sollte. Es sollte erfüllt sein von seinem Symbolismus und seinen besonderen psychologischen Tendenzen, und es sollte von Zeitalter zu Zeitalter den Charakter und das Verhalten der Menschen prägen, die in diesem Jahr geboren werden.

So entstand der Zyklus von zwölf Jahren, der sich nach Reihenfolge und Rhythmus dieser fantastischen Tierversammlung richtet. (Man kann sich die schwindelerregende Arbeit der Astrologen vorstellen, wenn alle Tiere dem Appell gefolgt wären!)

Soweit die Legende.

Ein Mondzyklus

In Wirklichkeit ist die chinesische Astrologie viel älter als die Entwicklung des fernöstlichen Buddhismus, der sich erst im 5. Jahrhundert christlicher Zeitrechnung etablierte, also rund 1000 Jahre nach dem irdischen Auftritt des Buddha Gautama. Die Astrologen aber übten ihre Kunst in China schon zehn Jahrhunderte vor Christus aus. Die Ursprünge dieser Astrologie sind allerdings ebenso umstritten wie uralt.

Ein Punkt ist unanfechtbar. Im Gegensatz zum Westen, der eine Sonnen-Astrologie geschaffen hat, die auf den Wanderungen der Sterne von Monat zu Monat in den Tierkreiszeichen basiert, hat der Ferne Osten eine Mond-Astrologie aufgebaut, die auf den jährlichen Mondwechseln beruht. Deshalb fällt das asiatische Neujahrsfest niemals auf dasselbe Datum (s. Übersicht auf S. 141).

Die Mondphasen sind auch für westliche Astrologen wichtig, aber ihre Bedeutung und die Folgerungen sind nicht zu vergleichen, da sie sich nicht in denselben Zusammenhang und dasselbe Wechselspiel einordnen.

Ohne in allzu wissenschaftliche Betrachtungen zu verfallen – die sich bei der Vorbereitung dieses Buches ergaben –, erinnern wir uns einfach an die offensichtlichen und vielfältigen Einflüsse des Mondes auf die physikalischen Gesetze, auf Ebbe und Flut, auf subtile Lebensregungen des Körpers, auf die Menstruation bei der Frau und auf die geheimnisvollen Tiefen der seelischen Struktur. Der Begriff »mondsüchtig« hat eine sehr treffende Bedeutung, sogar im klinischen Sinn. Statistische Erhebungen machten zum Beispiel ein merkwürdiges, auffälliges Ansteigen von Gewalt und blutiger Kriminalität bei Vollmond deutlich.

Andererseits haben genaue Experimente den Einfluß unseres Trabanten auf die chemische Zusammensetzung bestimmter Körper aufgezeigt, deren Molekularstruktur verändert werden kann, je nachdem, ob sie dem Mondlicht ausgesetzt werden oder nicht.

Die Nuancen

Jetzt sind wir also bei unseren zwölf Tierzeichen der östlichen Astrologie. Kann man sagen, daß alle Personen, die das Licht der Welt in einem Jahr der Ratte oder des Pferdes erblickt haben, auch denselben Charakterformen und Schicksalen unterworfen sein werden? Nicht mehr als Widder- oder Waage-Geborene, die auch nicht alle auf dieselbe Anordnung im Tierkreis zu reduzieren sind.

In unserer westlichen Astrologie erlauben es die Planetenpositionen, die Berechnung des Aszendenten, der Himmelsmitte und der Häuser, einen Bereich beachtlich zu verfeinern und individuell zu gestalten. Genauso bekommt man in Asien Ergebnisse von außerordentlicher Genauigkeit und Vielfalt, wenn man zu den Ausgangspositionen Faktoren hinzunimmt wie den Weggefährten, der durch die Geburtsstunde bestimmt wird (nicht zu verwechseln mit dem Aszendenten), und das vorherrschende Element, bezogen auf die fünf Elemente Erde, Wasser, Feuer, Holz, Metall.

Dieser dreifache Gesichtspunkt – Tierzeichen, Weggefährte, Element – liefert dem Leser eine Vielfalt von zusätzlichen Informationen, eine Menge von umfangreichen, genauen Perspektiven, denen wir eine Übersicht über die Beziehungen zwischen chinesischen und westlichen Sternzeichen hinzugefügt haben. So unterschiedlich, jedoch nie widersprüchlich, diese

Der weise Konfuzius

beiden Formen der Astrologie von Natur aus sind, kann ihre Annäherung und Verbindung doch zu einer Vertiefung der psychologischen Typisierung führen.

Wenn die Analogie auch einen hervorragenden Platz in der chinesischen Astrologie einnimmt, muß man doch deutlich darauf hinweisen, daß sie weder dieselbe Bedeutung noch dieselbe eigenständige Tragweite wie bei uns im Westen hat.

Jedes chinesische Zeichen ist ein Universum in sich, ein kleiner Kosmos mit eigenen Gesetzen und Wirkungskreisen und völlig unabhängig von den anderen Zeichen. Als lebendige Kreatur mit spezifischen Kräften und Funktionen entfaltet das Tierzeichen sich auf besondere, eigenständige Weise. Es schafft sich seinen Dschungel, seine Wolke oder seine Höhle, bestimmt seine Maßstäbe, seinen Rhythmus, seine Atmung, sondert seine ureigenste Chemie ab – oder besser, seine Alchemie. Das chinesische Zeichen ist ein weiches, fließendes Bild, das Wandlungen und inneren Widersprüchen unterworfen ist.

Man darf vor allem keinen festen Rahmen suchen, keine festgefügte Struktur, keinen Käfig mit mehr oder weniger ermutigenden geistigen Kategorien und psychologischen Gleichungen, mit denen man ein verängstigtes Ich stärken und stützen kann bei seiner ständigen Suche nach einer tröstlichen, positiven Projektion seiner eigenen Wünsche und Ängste.

Es ist oft unmöglich, die Bezüge, die uns mit unserem chinesischen Zeichen verbinden, in ausschließlichen Formeln und klaren Anordnungen darzustellen.

Das asiatische Symbol verschließt sich nicht, es bietet sich an wie ein Geschenk der Götter, der Zeit und des Mysteriums. Es ist ein köstliches oder ein vergiftetes Geschenk, das der Orientale in jedem Fall mit Ergebenheit annimmt, weil er weiß, daß die Köstlichkeit aus dem Gift entstehen kann und das Gift aus der Köstlichkeit.

Manchmal sind es im Verlauf eines Lebens die Umstände selbst, mehr als der eine oder andere Charakterzug, die die Grundtendenzen eines Zeichens zu fördern und zu verdeutlichen scheinen. Anders gesagt, um einen Drachen oder einen Hahn herum entsteht eine Verkettung größerer oder kleinerer Ereignisse, ein wenig wie eine Begleitmusik, wie ein symphonischer Hintergrund im Stil des Drachens oder des Hahns.

Haben und Sein

Die chinesische Astrologie bewegt und beeinflußt seit Jahrhunderten die Entschlüsse und das Verhalten von Hunderten von Millionen einzelner Menschen in China, Japan, Korea und Vietnam, und das mit einer Intensität, die wir nur schwer ermessen oder überhaupt erkennen können.

Um den Geist besser zu verstehen, in dem die Asiaten diese Praxis mit ihren Alltagsproblemen verbinden, muß man auf einen Hauptpunkt hinweisen, der vermutlich der fundamentale Unterschied zwischen der westlichen und östlichen Zivilisation ist: eine Trennungs- und Demarkationslinie, die so gut wie gar nicht zu überschreiten ist.

In unserer Konsumgesellschaft – ob man sie nun positiv oder negativ sieht – stellt sich die Grundfrage von der Geburt bis zum Tod und in allen Lebensbereichen so: *Was kann ich haben?*

Die Rückkehr zu sich selbst

Erwerben, erobern, besitzen. Haben: materielle Güter, Glück, Chancen, Ehre, Macht, Ansehen, Erfolg in der Liebe, Prestige, Beruf, Familie, Haus, Freunde, vielleicht auch noch Kultiviertheit, Wissen, Gelehrsamkeit. Was kann ich haben, behalten, vermehren?

Das ist die zwingende, ständige Frage, die hinter all unserem Handeln steht.

Man braucht nur an die Vorbilder zu denken, die uns vorgehalten werden: politische Größen, Super-Kaufleute, Show-Stars, gefeierte Künstler und Wissenschaftler, Meister im Sport, Roman- oder Comic-Helden, Idole aller Art. All diese Personen repräsentieren den Triumph und die Glorifizierung des Besitzes. Sie alle können sagen: Ich habe die größte Macht, das meiste Geld, die höchsten Rekorde, ich habe die meisten Diplome und das größte Fachwissen, oder sogar: Ich habe die größte Liebe und – warum nicht auch dieses? – ich erlebe das schlimmste Drama, ich habe die grausamste Krankheit, usw. Die Werteinschätzung richtet sich ausschließlich nach dem, was man hat.

Und auch dieses: Die heutzutage allgegenwärtige Werbung besteht im wesentlichen darin, darauf hinzuweisen, daß man unbedingt diese oder jene Marke, dieses oder jenes Produkt *haben* muß, um etwas zu *sein* – dynamisch, verführerisch, zufrieden, glücklich, überglücklich.

Für den traditionellen Orient ist die entscheidende Frage nicht *Was kann ich haben?*, sondern: *Was kann ich sein?*

Das erstrebte Vorbild ist nicht der große Boß, der Finanz-Supermann, der Held, der Meister aller Klassen, sondern der Weise, der arm und nackt in totaler innerer Freiheit und vollkommener Glückseligkeit lebt. Ihm fallen Prinzen und Herrscher zu Füßen, denn er ist der Inbegriff der bestmöglichen Selbstverwirklichung des Menschen.

Unter diesem Gesichtspunkt sei noch hinzugefügt, daß der Weise auf nichts verzichtet, ganz im Gegenteil. Da er ja die höchste Stufe erreicht hat, ist er unermeßlich viel reicher als die prächtigsten Nabobs. Wir sind es, die mit unseren trügerischen, zerbrechlichen Bindungen, mit unseren kindischen Begierden, unseren nicht endenwollenden Konflikten ständig auf die wunderbarste Glückseligkeit verzichten – auf Gott.

Wer bin ich? Wie auch immer der Zugang und die besonderen Methoden, die Schulen und Sekten sein mögen, diese Frage – anscheinend so einfach und banal – ist die Grundlage und der Schlüssel der gesamten östlichen Kultur, ihrer Wege zur inneren Befreiung, ihrer Pfade zum wahren Wissen, das sich Yoga, Veda, Tantra, Tao nennt, um nur die bekanntesten Richtungen aufzuzählen.

Die subtilen Welten

Unter diesem Gesichtspunkt kann uns das Vorgehen der chinesischen Astrologie verwirrend erscheinen. Der Asiate denkt nicht: Ich *habe* diese und jene Anlagen und Fähigkeiten oder Schwächen, die in meinem Horoskop liegen, sondern eher: Wie kann ich in allen Lebensbereichen ein Tiger, eine Ziege oder ein Hund *sein*?

Die Neigungen und Tendenzen stehen nie mit irgendeinem »haben« im Zusammenhang in dem Sinn, wie wir oft sagen: Ich habe diesen Vorzug oder jenen Fehler. Es handelt sich vielmehr um Richtungen, wozu ein einfühlsames, rhythmisches Vorgehen gehört, eine Art poetischer Schicksalstanz, bei dem jedes Tier seine Gangart, seine Pirouetten und seine Sprünge nach seiner ureigensten Choreographie ausführt.

Diese Nuance sollte jeder sehen, der sich entwickeln will, ohne sich in diesem schillernden, beweglichen Reich zu verirren oder sich im Kreis zu drehen.

Das astrologische Yi-King

Im letzten Teil dieses Buches regen wir zu einem Spiel an, das von den Orakeln des Yi-King beeinflußt ist und jedem Zeichen angepaßt wurde.

»Das Yi-King«, schreibt Alan Watts in seinem Buch über den Zen-Buddhismus, »ist ein Werk des Wahrsagens und enthält Orakel, die auf 64 abstrakten Figuren, jede aus sechs Linien zusammengesetzt, basieren. Es gibt zweierlei Linien: geteilte oder negative und ungeteilte oder positive. Ein moderner Psychologe sah darin eine Analogie zum Rorschach-Test, dessen Ziel es ist, ein geistiges Bild des Menschen zu zeichnen aufgrund der spontanen Ideen, die ihm beim Anblick eines verwischten Tintenkleckses kommen. Der Mensch, der in einem Tintenklecks seine eigenen Vorstellungen entdecken kann, könnte daraus nützliche Ratschläge für sein zukünftiges Verhalten bekommen. Unter diesem Gesichtspunkt darf die Wahrsagekunst des Yi-King nicht als schlichter Aberglaube eingeordnet werden.

Ein Yi-King-Spieler könnte darum tatsächlich erhebliche Kritik entdecken an den Methoden, auf die wir uns sonst berufen, wenn wir wichtige Entscheidungen treffen müssen. Wir sind überzeugt, daß unsere Entscheidungen vernünftig sind, weil wir uns auf ein Bündel von Gegebenheiten im Zusammenhang mit diesem oder jenem Problem stützen. Wir verlassen uns sicherlich nicht auf ein Spiel mit Kopf und Zahl. Das könnte jedoch durchaus erforderlich sein, wenn wir wissen, welche Information wirklich wichtig ist. Denn unsere Pläne werden

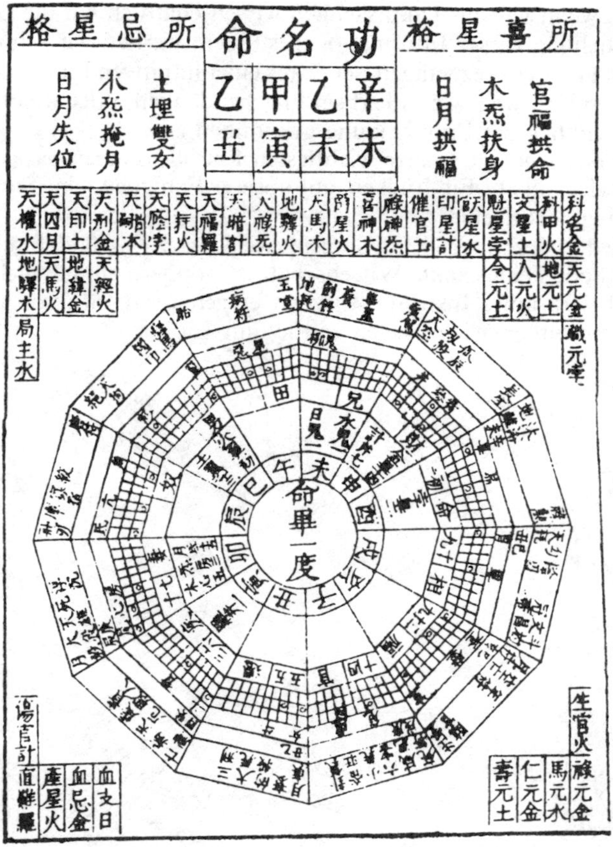

Die Beziehungen der Mondzeichen und -häuser

doch ständig durch ganz unvorhersehbare Ereignisse über den Haufen geworfen. Wenn wir strikt verstandesbetont wären bei der Auswahl der Informationen, die dazu bestimmt sind, unser Verhalten zu lenken, würde das soviel Zeit in Anspruch nehmen, daß der Augenblick zum Handeln längst vorbei wäre, bevor wir die Gegebenheiten ausreichend erfaßt hätten. In der

Tat, wenn wir uns hauptsächlich wissenschaftlich auf die Untersuchung dieser Informationen stürzen, werden wir schnell zum Handeln gezwungen, sei es aus einer intuitiven Laune heraus, sei es, weil wir es leid sind nachzudenken, oder weil der Augenblick der Entscheidung gekommen ist.

Anders gesagt, unsere wichtigsten Entscheidungen basieren vorwiegend auf Eindrücken, auf unserer Fähigkeit, eine Situation zu ›erfühlen‹.

Jeder, der mit Yi-King umgeht, weiß das. Er weiß, daß seine Methode keine exakte Wissenschaft ist, sondern ein nützliches und wirksames Instrument, wenn er genügend Intuition hat oder wenn er, wie er sagen würde, ›im Tao‹ ist.«

Versenken wir uns einfach in dieses Märchenuniversum, um unsere Sicht der Welt zu erweitern und die Wahrnehmung unseres eigenen Schicksals zu verfeinern

YIN UND YANG

Yin und Yang ist das Symbol der beiden widerstreitenden und sich ergänzenden Prinzipien, wobei das unauflösbare Spiel und die ständige Metamorphose das Fundament repräsentieren, den Stoff selbst, aus dem das aktive Universum besteht. Sie stellen die ewigen Gegensatzpaare dar, positiv – negativ, ja – nein, weiß – schwarz, Tag – Nacht, voll – leer, aktiv – passiv, männlich – weiblich usw. Jedes enthält das andere im Keim. Darum hat der Mann (Yang) einen weiblichen Teil (Yin) in sich und die Frau (Yin) einen männlichen (Yang).

Das Paar Yin-Yang ist untrennbar und in Bewegung, jeder der beiden Teile wird zum Gegensatz und zur Ergänzung des anderen. So wird die überlieferte Figur dargestellt:

In dem Moment, in dem Yang (weiß, aktiv) auf seinem Gipfelpunkt – bauchiger Teil – ist, tritt Yin (schwarz, passiv) unmerklich an seine Stelle – feingezeichneter Teil – und umgekehrt.

Yin und Yang haben keinerlei »moralische« Qualität. Keins ist dem anderen überlegen oder unterlegen. Ihre Gegensätzlichkeit ist notwendig und genauso wenig konflikt-trächtig wie die linke und die rechte Hand, die sich zum Applaus vereinen.

DIE YIN- UND YANG-TYPEN

Die Ratte, der Büffel, die Katze, der Affe, der Hund und das Schwein sind *Yin*.

Der Tiger, das Pferd, der Drache, die Schlange, die Ziege und der Hahn sind *Yang*.

Der Yin-Mensch

Äußere Erscheinung: Der Yin-Mensch ist oft sehr korpulent, von mittlerer Größe und hat eine gut entwickelte Muskulatur. Er erfreut sich einer ausgezeichneten körperlichen Widerstandsfähigkeit und hat eine solide Gesundheit. Er hat oft ein rundes Gesicht, lächelt aber nicht oft.

Psychologie: Der Yin-Mensch ist in erster Linie mit sich selbst beschäftigt, er neigt dazu, sich für den Nabel der Welt zu halten. Selbst wenn sein Verhalten ruhig ist, ist seine Laune doch unausgeglichen und hängt von der Umgebung ab. Er besitzt viel Selbstvertrauen, fürchtet aber den Mißerfolg.

Der Yang-Mensch

Äußere Erscheinung: Von durchschnittlichem Körperumfang, oft rank und schlank; er lächelt gern und liebt die lebhaften Farben. Da er von anfälliger Gesundheit ist, ist es ratsam, daß er lieber vorbeugt als heilt.

Psychologie: Der Yang-Mensch ist ein Individualist, der sich zu der Selbstfindung, der Entwicklung, der Meditation hingezogen fühlt. Er ist intelligent, unabhängig, manchmal eigenbrötlerisch. Er hat keinerlei Sinn für Hierarchien und glaubt an die Freiheit. Er zieht die Einsamkeit und den Kontakt zur Natur den großen Massen vor. Anders als der Yin-Mensch, sucht er sein Gleichgewicht in sich selbst, statt es bei anderen zu finden. (»Tradition astrologique chinoise« von Xavier Frigara und Helen Li, Editions Douglas.)

1. Teil

左右、如今若說文王眞個在上帝之左右、眞個有個上帝、如世

DIE BEREICHE DES HUNDES

有變化無常不可窺測者。如此方看得、這個道理活又如云、文

Der Hund
und sein Symbolismus

Man sagt von dem Hund, daß er von Natur aus pessimistisch und verängstigt ist, ohne sich wirklich nach dem Grund seiner Qualen zu fragen. Immerhin ist der Hund unser treuer Gefährte, ein vertrautes, liebevolles Tier. Er gehört zu unserer Welt, zu unserer Umgebung, manchmal zu unserem Lebensstandard. Im Gegensatz zur Katze, die uns ihr Geheimnis aufzwingt und uns gerade noch ein wenig Zuneigung gewährt, gibt der Hund sich hin, unterwirft sich mit Liebe dem Willen des Menschen. Vielleicht ist es diese äußerliche Unterwürfigkeit, hinter der der Hund seine tiefe Persönlichkeit verbirgt, wobei das Leben für ihn nur ein Übergang ist, ein Vorzimmer zu einer anderen Welt. In Erzählungen und Legenden erlebt man ihn oft, daß er dazu verdammt ist, zwischen zwei Welten umherzuirren, im beunruhigenden Grau der Zwischenwelten, auf der Schwelle der unbestimmten, dämmerhaften Gebiete, die die Schwelle zu den geheimen Gebieten der Seele bedeuten.

Armer Hund, sagen wir zum Trost. Aber ist er nicht immerhin dazu da, uns zu beruhigen, zu beschützen, zu lieben? Mehr verlangen wir nicht von ihm. Und es ist genau dieses »Mehr«, das der Hund uns mitzuteilen und uns gegenüber verzweifelt zum Ausdruck zu bringen versucht, aber wir bleiben taub bei seinem Appell, unfähig, seine Sprache zu übersetzen. Und so kehrt der Hund dazu zurück, sich brav zu unseren Füßen hinzulegen, die Hand zu liebkosen, die ihn streichelt, und auf die Nacht zu warten, mit der er verschmilzt, wobei er Führer oder Gefährte der unsichtbaren unterirdischen Welten wird und traditionell der Erde, dem Wasser – und dem Mond verbunden ist, den er beleidigt oder anfleht.

Wenn der Hund seinen Rücken beugt, dann vielleicht unter dem Gewicht seines schweren Erbes. In der Tat, er verbindet sich oft mit der Welt des Todes, den Unterwelten, mit den Plätzen des Jenseitigen, dem Königreich der Dunkelheit und des Eises. In Gestalt des Gottes Anubis im Todesbuch der Ägypter

führt er die Seelen auf dem Weg ihrer Totenreise, oder er heult den Mond an, sucht die Friedhöfe heim an der Seite der furchterregenden Hekate, der Mondgöttin, Totengöttin, Zauberin und Hexe, und er »präsidiert bei Geister- und Zaubererscheinungen«. (Dictionnaire des Symboles [Wörterbuch der Symbole], R. Laffont.)

In der 13. und letzten Konstellation des alten mexikanischen Tierkreises, Konstellation des Hundes genannt, finden wir ihn wieder als denjenigen, der zu den Gedanken an Tod, Ende, Unterwelt hinführt, als ein Symbol der Einführung in den Tod und die Wiedergeburt.

Zitieren wir noch den berühmten Zerberus der griechischen Mythologie: »In einer Höhle unter dem Fluß Styx liegend, wo er in Schlangenwindungen angebunden war, bewachte er die

Pforte der Unterwelt und zum Palast von Pluto. Er liebkoste die Schatten, die eintraten, und drohte jenen, die hinauswollten, mit Bellen und mit seinen drei weit aufgerissenen Mäulern.« (Mythologie grecque et romaine [Griechische und römische Mythologie], Commelin, Garnier.)

Verlassen wir den Höllenhund und überschreiten wir die Grenze, um zu La Fontaine und seiner Fabel vom Wolf und vom Hund zu kommen:

»Ein Wolf, der nichts als Knochen war und Haut
dank guter Wacht der Schäferhunde,
traf eine Dogge einst, die stark und wohlgebaut ...«

Kurz, der arme Wolf hätte gern seine Lumpen gegen eine schöne Uniform getauscht; aber dafür ist es nötig, daß »er schmeichelt der Dienerschaft, doch seinem Herrn am meisten ...«

Und: Da plötzlich sieht er, daß am Halse kahl der Hund. »Was ist das?« fragt er. – »Nichts!« – »Wie? Nichts?« – »Hat

Der Wächter der Weisheit

nichts zu sagen!« – »Und doch?« – »Es drückte wohl das Halsband hier mich wund, woran die Kette hängt, die wir mitunter tragen.« – »Die Kette?« fragt der Wolf. »Also bist du nicht frei?« – »Nicht immer; doch was ist daran gelegen?« –

Und der Wolf floh und läuft noch immer davon ...

Armer Hund! Nicht damit zufrieden, ihm die Seele genommen zu haben, hat der Mensch ihm auch die Freiheit genommen, und dennoch verteidigt der Hund sich, indem er sich an die Götter wendet. Als Hüter von Pforten und Brücken, als ewiger Führer und Vagabund bis ins Jenseits bleibt er treuer Gefährte.

Kleiner Abriß des Hundes

Haupttugenden: Loyal, treu, uneigennützig.

Hauptfehler: Ängstlich, pessimistisch, zweifelt an allem, wir sind in einem Tal von Tränen ...

Bei der Arbeit: Sehr aktiv und ehrlich; weiß, wie er von Vorgesetzten und Untergebenen geschätzt wird, denn er kann mit Menschen umgehen und stellt oft das allgemeine Interesse seinem eigenen voran.

Seine beste Rolle: Kassandra.

Seine schlechteste Rolle: Fröhlicher Landsknecht.

Haltung gegenüber dem Geld: Seine Familie braucht es, also verdient er es. Aber im Grunde ist es für ihn nur Papier ... Er hätte sich zu Zeiten des Tauschhandels wohler gefühlt.

Sein Glück: Am Tage geboren zu werden. Ein Hund, der in der Nacht geboren wird, bleibt sein ganzes Leben lang auf der Hut wie ein unbeweglicher Wachtposten.

Er kann nicht leben ohne: Zärtlichkeit.

Er liebt: Alles, was geheimnisvoll, rätselhaft, bizarr, übernatürlich, parapsychologisch ist. Und die Blitzableiter, denn oft hat er Angst vor Gewitter.

Er haßt: Daß man ihm durch die Gleichung A + B die Existenz einer unwiderlegbaren Wirklichkeit beweist, die er nicht annehmen kann.

Seine Freizeitinteressen: Er geht gern ins Kino, besonders in fantastische oder Horrorfilme. Er liebt friedliche Abende am Kamin, weit entfernt von der entfesselten Menge.

Seine Lieblingsplätze: Er hat eine Schwäche für wilde, romantische Landschaften, für entfernte Gegenden voller Legenden. Er müßte Schottland, Irland und die Bretagne lieben ...

Farben: Schwarz und dunkelblau, die Farben der Nacht.

Pflanzen: Klatschmohn und Seerose.

Blume: Die Blüten des Orangenbaums und Mohn – der welkt, wenn man ihn pflückt.

Berufe für einen Hund: Direktor eines Großunternehmens oder Gewerkschafter. Auf alle Fälle wird er sich für die Qualität, für das Lebensniveau der Angestellten etc. engagieren. Außerdem: Priester, Missionar, Erzieher behinderter Kinder, Krankenschwester, Gerichtsdiener, Richter, Rechtsanwalt, Arzt, Weiser, Suchender, Prediger und – Kritiker.

Die vier Lebensalter des Hundes nach der chinesischen Überlieferung

Das Leben des Hundes ist oft unausgeglichen, ausgenommen vielleicht in der Kindheit, wenn die Eltern ihn beschützen. Die Jugend, oft überschattet von komplizierten Lieben, hinterläßt nicht immer gute Erinnerungen. In seinen reifen Jahren verfolgen ihn Träume von mageren Zeiten, und im Alter ist er traurig, daß er nicht mehr aus seinem Leben gemacht hat, als noch Zeit dazu war. Aber es gibt ein Heilmittel: Er muß von Kindheit an lernen, den Augenblick als Glücksträger zu schätzen.

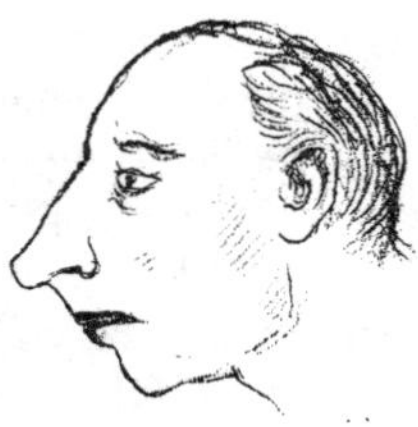

Die Psychologie des Hundes

»Ich kann ruhig mogeln und meine Augen mit aller Kraft verschließen, es gibt immer irgendwo einen verlorenen Hund, der mich am Glücklichsein hindert.« Anouilh (Hund) in »La Sauvage«.

Die besten Eigenschaften, die man bei einem Menschen – wie bei einem Tier, das Freund des Menschen ist – finden kann, sind unter dem Zeichen des Hundes vereint, der auf sein – ach, so eigensinniges – Haupt die Bewunderung und die Wertschätzung der chinesischen Astrologie zieht, von den Anfängen bis in unsere Tage hinein. »Aber ich«, sagt der Hund, »ich hätte auch viel lieber Glück, so wie die, die soviel Lärm machen, wissen Sie, wie die Drachen, ja, oder auch wie die Ziegen, die immer einen Beschützer finden ...«

Und das führt uns zu einer ersten Feststellung: Die Hunde sind nie zufrieden.

Es ist wahr, daß das Glück, diese unzähmbare, ungetreue und zufällige Spielerin, sie nicht systematisch bevorzugt. Es ist auch wahr, daß nach der Überlieferung »jeder Hund seine glorreiche Stunde hat«. Was also geht vor?

Dieses geht vor, daß es bei den Hund-Geborenen, wie bei denen der anderen elf Zeichen des chinesischen Tierkreises, eine Konstante gibt, die als Sammelpunkt dient für alle möglichen, unterschiedlichen und vorstellbaren Verhaltensweisen, die die Menschen, die im selben Jahr geboren sind, überhaupt nur haben können. Ein wenig so, wie es 36 verschiedene Hunderassen gibt, aber ein Hund ein Hund bleibt wie eine Katze eine Katze.

Diese Konstante, die wir ständig im Kopf behalten müssen, wenn wir an die differenzierte und umfassende Psychologie des vorletzten der chinesischen Tiere herangehen, ist die Unruhe. Von ihr geht alles aus, in ihr hat alles seinen Ursprung, und die widersprüchlichsten Haltungen nehmen hier ihren Anfang, ein wenig so, wie der sanfte Fluß und der wilde Sturzbach aus derselben Quelle kommen können.

Ich habe viele Hunde-Freunde – und ich verbringe gern täglich ein paar Minuten damit, Buddha zu danken, denn sie sind außergewöhnliche Menschen. Sie ähneln sich – äußerlich – keineswegs, aber sie sind alle zutiefst auf schreckliche Weise unruhig. Der eine entwickelt eine wilde Aktivität, macht viel Wind, stellt alles auf den Kopf in seinem Büro wie ein Bär in seinem Käfig. Das Telefon in der Hand, ist er damit beschäftigt, brennende Probleme zu lösen. Er praktiziert die klassische Methode, die bei allen Psychologen gut bekannt ist und »Flucht nach vorn« genannt wird.

Ein anderer macht wenig Aufsehen, aber mit einer Art von pessimistischer Hartnäckigkeit sucht er den idealen Platz als Schutz gegen seine Schlaflosigkeit. Man hält ihn für friedlich und sorglos. Aber nicht doch!

Ein dritter zeigt gegenüber seiner Umgebung die größte Unbekümmertheit, was seine berufliche Zukunft angeht. Aber er kann nicht drei Minuten aufhören zu arbeiten, läßt sich von seiner Familie für einen Tyrannen halten und leidet seit Ewigkeiten unter Schlaflosigkeit. Ihre Gemeinsamkeit ist die ständige Beunruhigung, diese ständige Versuchung zu sagen: »Was soll's, ich bin nur vorübergehend auf dieser Erde, und alles, was ich mache, wird wieder zu Staub.«

Diese gleichzeitig gleichgültige und skeptische heroische Haltung, diese merkwürdige Sicherheit über die Vergänglichkeit der Realitäten findet eine poetische Illustration im letzten Absatz der sumerischen Sage von Gilgamesch, der symbolisch direkt mit dem westlichen Tierkreis verbunden ist. In dieser letzten Passage (übertragbar auf Wassermann und Fische, die letzten der zwölf Zeichen) hat der Held Gilgamesch seinen besten Freund für immer verloren. Er irrt umher, geht mit sich zu Rate und versucht, den Geist des Verschwundenen heraufzubeschwören.

»Sag mir, mein Freund, sag mir, mein Freund,
sag mir das Gesetz der Unterwelt, die du kennst.«
»Nein, nein, ich werde es dir nicht sagen, mein Freund,
ich werde es dir nicht sagen;
wenn ich dir das Gesetz der Unterwelt, die ich kenne,
sagte, würde ich sehen, wie du dich setzt um zu weinen.«
»Gut, ich möchte mich setzen und weinen.«
»Das Teuerste, was du hattest, was du liebkostest und

Die ewigen Wächter

was deinem Herzen Freude machte, ist wie ein altes Kleidungsstück, jetzt von den Würmern zerfressen.
Das Teuerste, was du hattest, was du liebkostest und
was deinem Herzen Freude machte, ist nun von Staub bedeckt.
Alles ist im Staub versunken,
alles ist im Staub versunken.«

(Cyrille Wilcovski, »L'homme et le zodiaque« [Der Mensch und der Tierkreis], Ed. Du Griffon d'Or.)

Bei den Hund-Geborenen verläuft alles so, als hätte eine etwas boshafte Fee ihnen diese Philosophie schon in der Wiege eingeschärft. Sie kommen tatsächlich schon voller ungestillter Hoffnungen und Schuldgefühle aus ihrem früheren Leben auf die Welt. Und sie machen mutig ihren Weg, ohne zu sehr auf ein unmittelbares Ergebnis aus zu sein, und sie erwarten den unvermeidlichen Augenblick, in dem sie ihren letzten Seufzer tun und in ein zukünftiges Leben hinübergehen – in eines, in dem sie endlich den Frieden finden werden, das Nirwana, das sie hier nicht finden können.

Um diesen seltsamen psychologischen Ablauf zu verstehen, muß man auf jeden Fall – wie die Orientalen – offen sein für die Ideen des Karma und der Wiedergeburt. Wenn nicht, bekommt man kein wirkliches Verständnis für die Hund-Geborenen; es würde oberflächlich bleiben und wäre auf Charakterzügen aufgebaut, die nicht viel bedeuten, wenn man ihnen ihre philosophische und geistige Dimension nimmt.

Die Hunde wirken immer ein wenig abwesend, wie »in Buße«:

> »Sie ist in Schmerzen und vergänglich,
> die Seele, die ohne Zorn leidet,
> und wie klar ist ihr Geist ...« (Verlaine)

Sie haben mehr als alle anderen eine Neigung, sich zu sagen: »Aber was soll ich auf diesem Schiff tun?« Aber sie bleiben dort, Sturm und Wellen zum Trotz, denn sie sind eigensinnig, mutig, ausdauernd, sich ihrer Aufgaben und Verantwortlichkeiten bewußt bis zur Besessenheit.

Ihre Geselligkeit ist begrenzt. Sie sind fähig, im kleinsten Kreis aufzublühen, warmherzig und unterhaltsam zu sein. Die Familientreffen, die lauten Feste, die feinen Partys, die Cocktailempfänge hassen sie und tun sie alle in denselben Topf (den sie mit unsäglicher Freude ins tiefe Wasser werfen würden). Wenn ein Hund-Freund Sie beobachtet, wie Sie sich fröhlich auf irgendein Ausgehen vorbereiten, wird er bissig anmerken: »Du hast wirklich Lust, den Clown zu spielen mit dieser Bande von ...« Und es folgt noch ein Wort, das ich nicht zu wiederholen wage!

Selbst die geselligsten, angepaßtesten Hunde können es, wenn der erste Rausch vorbei und die ersten kleinen Feuer erloschen sind, nicht lassen, jede Teilnahme an Zusammenkünften zynisch zu kritisieren. Man findet sie dann im allgemeinen sehr lustig, vorausgesetzt, man ist nicht selbst das Ziel.

Der Sinn für das Lächerliche ist ein Dauerzustand bei allen

Man darf ihn nicht in seine Grenzen weisen

Hund-Geborenen: Klarsichtig sind sie sich ihrer eigenen Schwächen bewußt und machen sich oft über sich selbst lustig; aber ihr Humor ist so schwarz wie ein tiefer Tunnel in der Nacht. Sie sind oft scharf und bissig gegenüber dem, was sie verachten: Strebertum, Macht, Oberflächlichkeit, Unbeständigkeit. Aber man sucht ihresgleichen, wenn es darum geht, sich Kummer anzuhören, sich in die Lage des anderen zu versetzen und denen die Hand hinzustrecken, die am Untergehen sind. Und sie erwarten niemals Dankbarkeit, sie handeln so, weil es ihre Aufgabe auf der Erde ist. Das ist zweifellos noch eine der merkwürdigen Einflüsterungen der Fee, über die wir gerade gesprochen haben ...

Großzügig, uneigennützig, edel und loyal, bewundernswert treu, wie sie sind, sind sie kaum für die brutale Welt geschaffen, in der Kampf, Wettbewerb und das Fallenstellen herrschen. Warum also nicht zugeben, daß sie sich selten richtig an ihrem Platz und wohl in ihrer Haut fühlen?

Ein Grund für ihr Unbehagen ist sicherlich auch das Mißtrauen. Die Hunde handeln gegenüber Unbekannten oft wie die Wächter auf dem Turm eines mittelalterlichen Schlosses: »Wer da? Zeigen Sie Ihre weiße Pfote ... Und wo sind Ihre Empfehlungsschreiben? Wie kann ich sicher sein, daß Sie kein Feind sind und daß Sie nicht mein Schloß anzünden werden, meine Frau entführen und meine Töchter vergewaltigen?«

Es ist für die anderen nicht immer leicht, sofort eine Antwort zu finden ...

Erregbar, überempfindlich, wenn nicht sogar furchtsam – selbst wenn sie es nicht zeigen –, aber zutiefst ehrlich und geradeheraus, sind die Hunde des Vertrauens würdig. Aber ihr Pessimismus ertränkt sie, denn selbst wenn sie nie den Mut verlieren – Adel verpflichtet! –, sind sie oft entmutigend für ihre Umgebung, die kaum Lust hat, in ständiger Erwartung einer Katastrophe zu leben. Durch ihre etwas statische Seite, als Feinde des Unvorhergesehenen, das ihre Grenzen durcheinander bringt, durch ihre manchmal unwirsche Haltung und auch durch ihre Schüchternheit werden sie oft falsch beurteilt oder mißverstanden. »Was macht's?« wird Ihnen ein Hund-Geborener antworten, »mein Reich ist nicht von dieser Welt.«

Der ängstliche Hund mag das Unerwartete nicht. Er hat soviel Zeit damit verbracht, sein Gebiet abzugrenzen, seine Grenzen zu bewaffnen, seine Zinnen mit Holzkübeln voll heißen Öls zu versehen, daß er schlecht erträgt, wenn ein Ereignis von außen seine Organisation stört. Achtung: Seine Bauten sind zerbrechlich – nehmen Sie ihm niemals seine Stützen, ohne ihm zugleich einen freundschaftlichen Arm auszustrecken. Geschlagene Hunde erinnern sich für immer ...

Frau Hund

Es ist angebracht, Frau Hund einen besonderen Absatz zu widmen, denn die chinesische Überlieferung beschreibt sie als ziemlich verschieden von ihrem männlichen Partner, obwohl sie dieselben Qualitäten, wie Ehrlichkeit, Sanftheit, und dieselbe Unruhe und Verletzbarkeit besitzt.

Frau Hund ist ehrgeizig und strebt mehr als ihr Mann nach materieller Sicherheit. Begabt und schöpferisch wie sie ist, fehlt es ihr ein wenig an Ausdauer, und sie neigt dazu, mitten auf dem Weg stehenzubleiben, wobei sie zu ihrer Rechtfertigung äußere Zwänge vorgibt nach der Art: »Wenn ich keine Kinder hätte, würde ich dieses oder jenes tun, dann hätte ich mein Studium fortgesetzt, diese Arbeit angenommen, jenes Examen bestanden ...«

Ruhm interessiert sie, aber sie hat eine Abneigung gegen Kompromisse und Konzessionen und zieht sich zurück, wenn sie sich mit sich selbst nicht mehr in Übereinstimmung fühlt.

Sie ist verführerisch, ungeduldig und redet schrecklich gern; sie ist geselliger als Herr Hund. Aber wenn sie immer von Freunden, Kindern und Haustieren in ihrer »Hütte« umgeben ist – die ein Häuschen oder ein Palast sein kann, das ist egal –, dann findet sie ihre größten Freuden. Ihr Fehler scheint es zu sein, daß sie ein wenig borniert ist und sich weigert, einigermaßen systematisch die Nützlichkeit von Dingen zu akzeptieren, die nicht Teil ihrer unmittelbaren Welt sind.

ANIMAUX
J.J. Grandville
Vivent les
Betes!
a bas les
mouches
GUIBAUT

Das Hund-Kind

Sie können viel tun, um einem Hund-Kind zu helfen, sein Glück auf dieser Erde zu finden, statt sein Leben damit zu verbringen, von anderen Dingen zu träumen, von der Vergangenheit oder der Zukunft, ohne die Gegenwart zu akzeptieren. Es ist ein liebevolles, sensibles Kind, mit dem es sich sehr leicht zusammenlebt, wenn es aufmerksame, verständnisvolle Eltern hat. Es kann Anfälle von krankhafter Fantasie bekommen, vom Dunkel verschreckt werden, Ängste und Befürchtungen entwickeln, um dann die Freude, sich schön warm in seinem Bett in Sicherheit zu befinden, um so mehr zu genießen.

Wenn es die Geschichten von Dracula mehr liebt als den kleinen Däumling, lassen Sie es nach seiner Wahl lesen, aber sagen Sie ihm um Himmels willen nie, daß Dracula in Begleitung seines Freundes Frankenstein nachts kommen wird, um es zu verschlingen! Es würde dadurch bis ans Ende seiner Tage an Schlaflosigkeit leiden. In der Tat wird der junge Hund lange von äußeren Einflüssen geprägt und trennt während seiner ersten Jahre Traum und Wirklichkeit schwer voneinander. Was ihm als aufregendes Spiel vorkommt, kann in seinen Augen zur Gefahr werden, wenn Mutter oder Vater – unfehlbare Götter – deren mögliche Existenz heraufbeschwören.

Es ist auch ratsam, diesem Kind einen Kontakt mit der Natur und ihrem ewig wiederkehrenden Rhythmus zu geben. Das gibt ihm Sicherheit, und andererseits wird das seine Art sein, mit dem Göttlichen Kontakt aufzunehmen, denn es hat oft eine mystische Seele.

Mit ziemlichen Ansprüchen auf Ausschließlichkeit nimmt es die Ankunft jüngerer Geschwister schlecht auf, denn es fürchtet, die Liebe seiner Eltern zu verlieren; vergessen wir nicht, daß es das Hund-Kind braucht, vorgezogen zu werden und von Liebe umgeben zu sein. Aber haben Sie keine Angst: Wie kein anderer verteidigt es seinen kleinen Bruder und hilft seiner kleinen Schwester bei den Hausaufgaben. Es ist zutiefst dienstbar und ergeben.

In sich gekehrt, paßt es sich nur schwer der Schule an. Aber

Eine schwierige Kindheit

es versteht sich gut mit Kindern desselben Zeichens, die dieselben Probleme haben.

Wenn es sich dagegen auf irgendeine Weise zurückgewiesen, verlassen oder ausgeschlossen fühlt (und dazu gehört bei ihm nicht viel), ist es in der Lage, gegenüber seinen Erzeugern einen tiefen, rachsüchtigen Groll zu entwickeln, sich abzukapseln und einsam zu leben. Das tut seinem zukünftigen Leben nicht gut. Also lieben Sie es! Erdrücken Sie es nicht (es liebt die Freiheit, das Nachdenken und die Ruhe), sondern hören Sie ihm zu, helfen Sie ihm, ohne zu versuchen, es nach Ihrem Vorbild zu formen. So lernt es das Leben zu lieben, ohne das Gefühl zu haben, »zu vergessen zu leben«.

Das Gefühlsleben

Die Hunde sind treu, und den beiläufigen Abenteuern ziehen sie die langen, sicheren Bindungen vor. Wenn Sie einen Hund treffen, der heftig hinter dem anderen Geschlecht her und auf Abenteuer aus ist, täuschen Sie sich nicht: er sucht die verwandte Seele. Wenn er den Eindruck hat, sie gefunden zu haben, hört er mit einem Seufzer der Erleichterung auf.

Im vertrautetesten Zusammensein sind die Hunde die meiste Zeit liebevoll, zärtlich, sinnlich, sogar leidenschaftlich. Aber einmal gebunden, respektieren sie ihre Verpflichtung, und ohne der Versuchung gegenüber unempfindlich zu sein, wissen sie, ihr zu widerstehen; denn ihr Heim zu schützen, ist für sie das Wichtigste.

Trotz all dieser guten Eigenschaften sind die Hunde nicht immer unverändert glücklich in der Liebe. Sie sind eifersüchtig, unruhig, müssen über lange Zeit der Gefühle, die man ihnen entgegenbringt, versichert sein.

Ihre pessimistische Seite, ihre Neigung, immer Katastrophen heraufziehen zu sehen, werden auf die Dauer ermüdend und entmutigen auch Menschen mit den besten Absichten. In der Tat, wenn ihre moralische Ehrlichkeit, ihre liebevolle Treue Garanten für die Stabilität sind, so trägt ihre unausgeglichene

Stimmung, die sehr von ihrer Umgebung und von der Haltung der anderen abhängt, nicht dazu bei, daß sie Sicherheit geben. Sie sind schrecklich erregbar und intuitiv, sie »riechen« die Gefühle beim anderen, sehen aber alles schwarz. Sie brauchen sehr lange Zeit, um sich zu entspannen, um jemandem wirklich zu vertrauen, manchmal ein ganzes Leben. Und einige schaffen das nie und warten ständig auf eine eventuelle Gleichgültigkeit des geliebten Wesens, was ihnen das Leben durch ständiges Mißtrauen vergiftet. Sie sind oft die Troubadoure der Einsamkeit, der enttäuschten Liebe und der entfernten, unerreichbaren Geliebten.

Die Ehe ist ratsam für sie, als legale Institution, Geländer und Festung gegen die Versuchungen, den Verrat und die Raubtiere. Aber sie sollten einen Optimisten heiraten!

Dagegen sind sie treue Freunde, die bei schweren Schicksalsschlägen immer das sind. Wenn es große Prüfungen in Ihrem Leben gibt, zählen Sie die Freunde, die Ihnen bleiben: Sie werden merken, wie ich, daß darunter ein großer Prozentsatz von Hunden ist.

Das Familienleben

Die Hunde sind hingebungsvolle Eltern, besorgt, alles richtig zu machen, und ein wenig erdrückend, vor allem, wenn das Kind anderen Geschlechts als sie selbst ist. Passen Sie ja auf, wenn Sie die charmante Tochter eines Hund-Geborenen verführen wollen. Machen Sie das nicht heimlich nachts, sonst lösen Sie eine Alarmglocke aus, finden sich auf dem Treppenabsatz wieder und reiben sich Ihr Hinterteil, das schmerzhaft getroffen wurde durch die Wachsamkeit des Herrn Wachhund-über-die-bedrohte-Tugend.

Sich ihrer Aufgaben wohl bewußt, nehmen diese Eltern an allen Elternversammlungen in der Schule teil und verschlingen alle Bücher über Kindererziehung und Kinderkrankheiten. Sie nehmen sich kaum Zeit zum Atmen!

Im übrigen sind sie wirklich rührend, wenn sie bei dem klein-

Weise und geschickt

sten blauen Fleck, bei der leichtesten Schramme eine Katastrophenmiene aufsetzen. Sie lieben sie so sehr, die Kinder! Sie sind für sie in der Tat eine Rechtfertigung für ihr vorübergehendes Dasein auf der Erde. Sie messen dem manchmal eine übertriebene Wichtigkeit bei – in den Augen der anderen –, opfern gern viele Dinge und machen sich unbestimmte Selbstvorwürfe, wenn der Akt der Zeugung nicht eine rote, schreiende Frucht hervorgebracht hat.

Die Hund-Eltern verstehen sich gut mit dem jungen Tiger, dem sie die Vorsicht beibringen, und mit dem kleinen Pferd, dessen Egoismus sie abschwächen. Mit Kindern der Zeichen Katze, Ratte und Hund gibt es ein liebevolles Verstehen, ein Klima von Zärtlichkeit. Und das führt bei der einen oder anderen Seite zu einer ziemlichen Pillenschluckerei ...

Die nachdenkliche junge Schlange ärgert den aktiven Hund, und die zu fantasievolle Ziege geht ihm auf die Nerven. Was das Schwein angeht, so kann es seinen Eltern beibringen, wie man vom Leben profitiert.

Aber der Hund sollte es vermeiden, ein Büffel-Kind (Unverständnis), ein Drache-Kind (zu erregbar), ein Hahn-Kind (das arme Tier, bedrückt von dieser ganzen Unruhe, verliert seine Federn) und ein Affe-Kind (sie sind zu unterschiedlich, und der Affe ist so unabhängig) in die Welt zu setzen.

Das Berufsleben

Die Hunde haben alles, was sie brauchen, um in ihrem Berufsleben Erfolg zu haben, nur fehlt ihnen manchmal die Motivation. Sie müssen an das glauben können, was sie tun, müssen in irgendeiner Mission für die Menschheit eingesetzt werden, damit sie alles geben können. Wenn sie nicht den Glauben (den, der Berge versetzt) haben, bleiben sie melancholisch vor ihrer Hütte sitzen und wiederholen ständig bittere Gedanken, träumen von all dem, was sie hätten machen können und was sie nicht gemacht haben.

Sie haben oft sehr originelle Gaben, aber nicht genug Unabhängigkeit und Aggressivität, um sie auch herauszustreichen. Außerdem zögern sie als Jugendliche, ihren Eltern wirklich zu widersprechen, wenn diese für sie einen Weg beschlossen haben. Das führt dazu, daß sie Zeit mit Studien verlieren, die ihnen kaum zusagen, oder daß sie einen Beruf ergreifen, der ihren innersten Bedürfnissen entgegengesetzt ist.

Dagegen erweisen sich die Hunde, die frei nach ihrem Willen handeln und spontan einen Beruf wählen können, als gute Ar-

ON NE S'ABONNE
PAS ici
CHEZ
J. HETZEL
ET
PAULIN
Rue de
SEINE
N°. 33.
1840.
A
6. SOUS
la
livraison
I.I.G
ANDREW. BEST & LELOIR

beiter. Sie sind hartnäckig, lassen keine Aufgabe unvollendet, behandeln die Menschen mit Gerechtigkeit: Wenn sie an der Spitze eines Unternehmens stehen, wissen sie sich bei allen ihren Angestellen beliebt zu machen, denn sie haben die seltene Gabe, einfach und natürlich zu handeln und für jeden zugänglich zu sein, ohne an Autorität zu verlieren. Nur ihre allgegenwärtige Unruhe birgt die Gefahr, die Atmosphäre zu verderben, wenn sie nicht lernen, diese Unruhe zu beherrschen.

Die Hunde messen der Tatsache, die höchsten Sprossen der Hierarchie-Leiter zu erreichen, keine besondere Bedeutung bei, und wenn sie es tun, dann weil sie den Eindruck haben, daß es besser für alle ist, nicht in den Händen eines Räubers zu sein. Sie selbst sind bescheiden, wohlwollend, großherzig. Aber Achtung: Unehrlichkeit und Heuchelei verwandeln sie in wilde Hunde. Vergessen wir nicht, daß sie die besten Gefährten der Dame Gerechtigkeit sind.

Intelligent, ausgestattet mit einem treffenden, schnellen Urteilsvermögen, verstehen die Hunde schnell, was vorgeht, und das Sandkorn im Getriebe entgeht ihnen selten. Die Tugend kann auch zum Fehler werden, in dem Maß, wie sie dazu neigen, die Kleinigkeit zu suchen, sich einzig um das Detail, das nicht klappt, zu kümmern, sich in einem Wasserglas zu ertränken, indem sie mit zweitrangigen und nur materiellen Einzelheiten beschäftigt sind.

Der wissenschaftliche Beruf, die Forschung, das Soziale gefällt ihnen besonders, aber es ist ihnen davon abzuraten, sich ganz und gar dem Geld zu widmen, denn das Materielle kann sie nicht lange befriedigen.

Das materielle Leben

Sie sind weder dazu begabt, mit Spekulationen zu jonglieren, noch Finanzimperien aufzubauen – außer der Hund zeigt sich sehr geschickt bei der Wahl seiner Partner oder Berater. Er ist zu großzügig, zu uneigennützig. In einem Wort: nicht egoistisch genug. In Geschäftsdingen Erfolg zu haben, setzt einen gewissen Zynismus anderen gegenüber voraus, eine gewisse Härte.

Kann in guten Zeiten verschwenderisch sein

Und der Hund ist sanft, sein Zynismus ist philosophisch, nicht materialistisch. Er schreckt zurück vor der Tatsache, einen Rivalen zu ruinieren (was sollen dessen Kinder essen?), verzeiht dem, der ihn beleidigt hat, beweist eine Ehrlichkeit und Treue gegenüber dem gegebenen Wort, die die heimtückischen Raubtiere zu ihrem eigenen Vorteil zu nutzen wissen. Während der fetten Jahre zeigt sich der Hund freigebig, wenn nicht sogar verschwenderisch: Nichts ist schön genug für die Seinen. Außerdem steckt er beträchtliche Summen in die Ausstattung und Verbesserung seines Heims. Aber in den mageren Jahren neigt er dazu, die Lage zu dramatisieren, wobei er sich bald ruiniert, verachtet und eingesperrt sieht. Wünschen wir ihm in diesen schwierigen Augenblicken einen realistischen Partner, der ihm den Blick wieder ausrichtet und den Kopf wieder auf die Schultern setzt.

Statt sich finanzielle Verantwortung aufzuladen, haben die Hunde viel mehr Interesse daran, freie Berufe zu wählen (sie sind so geschickt, die Witwe und das Waisenkind zu verteidigen!) oder das Beamtentum.

Sie lieben die familiäre Atmosphäre

Die Umgebung

Die Hunde sind oft seßhaft und unendlich an den Ort gebunden, an dem sie geboren wurden. Sie behalten gern einen Heimathafen und erhalten eifersüchtig die alten vertrauten Häuser voller Staub und Erinnerungen, in denen sie ihre Kindheit verbracht haben. Auf dieser Ebene sind sie Bewahrer. Einige haben sogar Freude daran, die Plätze in ihrem alten Zustand zu belassen, auf die Gefahr hin, sich in einer Schüssel waschen zu müssen, deren Emaille längst abgeblättert ist, und das alles, um ihrer Fantasie nicht das Vertraute zu nehmen und den Familiengeistern ihren Frieden zu bewahren.

Ich habe einen Hund kennengelernt, der wie viele Geborene dieses Zeichens in das Fantastische und Bizarre verliebt war, ein begeisterter Anhänger der ersten Frankenstein-Filme, und der sich in den Ferien nirgends so wohl fühlte wie in einer alten, kalten, knackenden und krachenden Unterkunft, in der er aber mit seinen ersten Ängsten Schutz gefunden und die seine ersten Fantasien genährt hatte.

Dennoch verwenden die Hunde im allgemeinen eine unendliche Sorgfalt auf die Einrichtung ihres Hauptwohnsitzes. Sie haben viel Geschmack, sind anspruchsvoll, sogar peinlich genau, untersuchen sorgfältig die Ausrichtung, den Ausblick, die Deckenhöhe, den Stil des Hauses (natürlich vorzugsweise 17. Jahrhundert) und vergessen vollkommen die Tatsache, daß die Geschäfte zum Einkaufen in zehn Kilometer Entfernung sind.

Sie, die ziemlich vernünftig sind, was ihre Kleidung angeht (zögernd, voller Furcht, sich in Farbe oder Moderichtung zu irren, sie packen 25 Paar Schuhe aus, bevor sie unter den rachsüchtigen Blicken einer erschöpften Verkäuferin gehen, ohne etwas gekauft zu haben), sie können nicht rechnen, wenn es um die Innendekoration geht. Sie marschieren direkt auf die prachtvollsten Stoffe zu, auf die weichsten Teppiche und akzeptieren nur Tapeten von Aubusson (immer noch 17. Jahrhundert) und Vasen von Gallé.

Wenn sie einmal die Dekoration ihres Lebens gefunden haben, sind sie dazu fähig, eine Woche lang keinen Fuß vor die Tür zu setzen, und sie sind damit zufrieden, in ihrem kleinen

Privatmuseum herumzulaufen und im Vorbeigehen mit sinnlichem Vergnügen die mit der Patina der Jahre besetzten Möbel und die seltenen Schmuckstücke zu streicheln. Ach, der sanfte Duft von Wachs, der langsame Tanz der Vorhänge in einem Lufthauch. Wo anders findet man vergleichbare Sinnenlust?

Kleiner Führer für den Umgang mit einem Hund

Seine Methoden der Verführung: Wenn er nicht älter ist als 20, appelliert er an unseren Beschützerinstinkt, der in jedem von uns schlummert. Stil: »Ich habe an nichts mehr geglaubt, mein Leben war kaputt, und seit ich Sie kennengelernt habe, ist das Unmögliche wahr geworden. Es ist einmalig, die Liebe lebt, hallelujah!« Und das alles mit einer Ernsthaftigkeit, die um so mehr anrührt, als der Hund Ihnen das alles mit Schlappohren und einem vor Verehrung feuchten Blick erzählt ... Wenn er 20 (oder 30) Jahre alt ist, beweist er eine unermüdliche Hartnäckigkeit und macht so diskret und romantisch den Hof, wie man es sich nur wünschen kann. Frau Hund spielt die unzugängliche, wenn nicht gar mörderische Heldin. Oft könnte man glauben, sie hätten sich ihre Anregungen aus einem Heldenroman geholt.

Wenn er Sie liebt: Er beweist ein leidenschaftliches Temperament, unterbrochen von leeren Zeiten. Bestärken Sie ihn!

Er erwartet von Ihnen: Daß Sie gleichzeitig Vater, Mutter, Krankenschwester, Psychiater, Geliebte und gute Freundin sind. Er braucht es in der Tat, daß man um ihn herum ist und ihn bestärkt. Frau Hund auch. Ein gutes Mittel, sie zu halten: ihr viele Kinder machen. Sie liebt sie.

Um Sie zu halten: Er vermittelt Ihnen den Eindruck, daß seine Gefühle Ihnen gegenüber sich niemals ändern. Im Guten wie im Bösen ...

Wenn er Sie betrügt: Was haben Sie nur tun können, daß er in so ein Extrem verfällt? Machen Sie eine Gewissensprüfung ...

Wenn Sie ihn betrügen: Das ist eine Katastrophe. Er wird tun, als lache er darüber, aber seine inneren Tränen werden ihn zerfressen wie ein scharfes Unkrautvernichtungsmittel.

Im Fall des Bruchs: Wenn er Sie aus eigenem Entschluß verläßt, tut er das mit unendlicher Ungeschicklichkeit, wobei er sich in redliche Erklärungen verwickelt. Manchmal in verletzende. Wenn Sie gehen ... Könnten Sie nicht versuchen, einen Ersatz für sich zu finden? Er ist doch so unglücklich ganz allein!

Wenn Sie ihm ein Geschenk machen wollen: Schenken Sie ihm einen Talisman, einen Gegenstand mit Erinnerungen, ein Plüschtier, dem er Ihren Vornamen geben kann, oder ein Amulett, das beschützt.

Wenn Sie ihn verführen wollen: Sagen Sie ihm: »Ich glaube, wir haben uns schon vor langer Zeit in einem früheren Leben geliebt« oder laden Sie ihn zu einer spiritistischen Sitzung ein.

Wenn Sie ihn in die Flucht schlagen wollen: Sagen Sie ihm grausam: »Es ist wahr, du hast recht, dein Leben ist ein Reinfall, und das ist deine Schuld!«

Der Hund und die anderen chinesischen Zeichen

Hund/Ratte

Warum nicht? Die Ratte, immer von dem vagen Gedanken an die Getreidescheffel, die sie für ihre alten Tage braucht, verfolgt, ist gut, um die tiefe Unruhe des Hundes zu begreifen.

Der Hund seinerseits, der aufmerksam seine Grenzen verteidigt, stößt sich nicht an der übersteigerten Neigung zum Geheimnisvollen bei seinem Gefährten. Ohne Konflikt akzeptieren sie die kleinen Unterschiede, aber sie freuen sich an ihren Ähnlichkeiten, machen still ihren Weg als diskrete Komplizen, die nur in der Nacht reisen und nicht an den ersten, der ihnen entgegenkommt, das Wort richten.

Diese Verbindung entwickelt gegenseitig den Sinn für das Geheimnis, und seltsamerweise gibt ihnen das Sicherheit, weil sie einander Vertrauen schenken: Der Hund, weil er treu ist, was die Ratte braucht; und die Ratte, weil sie sich im Fall von Schwierigkeiten mit Macht zu verteidigen weiß.

Alles in allem eine Verbindung, zu der zu raten ist, auf der Gefühlsebene ebenso wie im geschäftlichen Bereich.

Hund/Büffel

Wenn »er« Hund ist und sich eine Büffel-Dame als Gefährtin sucht, kann man, ohne allzusehr die Gefahr des Irrtums einzugehen, sagen, daß seine Sorgen ein Ende haben. An der Seite einer solchen ausgeglichenen, sicheren und vernünftigen Person vergißt er seine Schlaflosigkeit, um sich ganz den Familienfreuden zu widmen, und er macht sich keine Sorgen mehr, wenn ein Sandkorn seine Pläne stört. Man könnte auch einem Hund-Generaldirektor raten, sich einen Partner des Zeichens Büffel zu nehmen, der ihm Bestätigung geben kann, indem er ihm immer wieder sagt: »Aber nein, die Kasse stimmt, und der Konkurs ist noch nicht für morgen vorgesehen.«

Wenn »sie« Hund ist, wird es schwieriger. Statt ihre Ängste immer wieder zu überdenken, beschließen die Damen dieses Zeichens manchmal, sich in die Eitelkeit und Vergnügungssucht zu stürzen. Und so die Toleranzgrenzen des Herrn Büffel auf die Probe zu stellen. Wie auch immer, sie schätzen sich gegenseitig. Der Büffel bewundert die Tiefe des Denkens beim Hund, und der bewundert die Ausgeglichenheit des Büffels. Eine glückliche Verbindung, solide und dauerhaft auf lange Sicht. Außer daß der Hund manchmal unter der gefühlsmäßigen Zurückhaltung des Büffels leidet, die er für Kälte hält.

Hund/Tiger

Der Tiger und der Hund sind unverbesserliche Idealisten. Der zweite hat es oft zu eilig, sich nach vorn zu stürzen, während der erste vergißt, seine Nachkommen zu beschützen. Aber sollte es ein verzweifeltes Waisenkind, ein verirrtes Kind oder einen Hungernden geben, dann sind sie bereit, alles aufzugeben und sich für das Unmögliche zu schlagen. Kein Berg ist zu hoch, keine Schlucht zu tief, um das Vertrauen des einen und die Begeisterung des anderen zu dämpfen. Nichts kommt der großmütigen Dynamik des Tigers gleich, mit der er dem ängstlichen Hund ein schüchternes, hoffnungsvolles Lächeln entlockt. Nichts kommt auch der Mimik des Hundes gleich, mit der er einen Tiger auf dem Pfad in den Abgrund stoppt.

Das kann ein glückliches Paar abgeben, das aber nicht besonders geeignet ist für den Alltag. Erfinderische, originelle Verbündete auch. Einziger Haken: Der Hund braucht es, daß man ihn liebt und es ihm auch sagt, und man darf nicht zu sehr auf den Tiger zählen, wenn es um die Blaue Blume der Romantik geht. Sie brauchen daher, um sich zu verstehen, unbedingt ein gemeinsames Ziel – geistig oder materiell, das ist egal. Aber ein Ziel, eine Arbeit, ein Unternehmen, damit sie Seite an Seite marschieren, statt sich dauernd miteinander zu beschäftigen.

Hund/Katze

Kann eine glückliche und stabile Verbindung sein, wenigstens, wenn das Glück sich einmischt und ein wenig mithilft – nur ein wenig. In der Tat, obwohl sie als Erbfeinde betrachtet werden und man sie dazu erzieht, es auch zu werden, haben diese beiden Tiere astrologisch und psychologisch viele gemeinsame Punkte: Sie lieben die Sicherheit, sind zutiefst ehrlich, sogar tugendhaft, und verteidigen erbittert ihren Privatbesitz. Sie verstehen sich, hören sich zu und bestärken sich gegenseitig.

Aber was ist nun das kleine bißchen Glück, von dem wir gesprochen haben? Das Fehlen von Ereignissen von großer sozialer und politischer Tragweite im Leben dieses Paares. Denn in dem Fall wird der Hund seine Angst heldenhaft unterdrücken und fortgehen als Krankenschwester, Missionar oder Koch. Das ist auch egal, wenn er sich nur nützlich fühlt. Die Katze, die allen Ärger haßt, wird sich zwanzig Jahre lang fragen, ob sie ihm folgen soll oder nicht ...

Hund/Drache

Davon ist abzuraten, zumindest, wenn es nicht wirklich ein gemeinsames Ziel gibt oder wenn die westlichen Sternzeichen nicht ernsthaftes, gegenseitiges Verstehen anzeigen. Der Hund ist wahrscheinlich das einzige unter den chinesischen Tierzeichen, das von dem Drachen nicht zu beeindrucken ist. Zu klar sieht er ihn, wie er ist, brillant mit oberflächlichem Glanz, ohne viel Feinheiten und nicht besonders gefühlvoll. Zum Glück erkennt er das, denn der Hund, der einen Drachen liebt, würde leiden. Der Drache wäre unfähig, ihm die Zärtlichkeit zu geben, ohne die er nicht leben kann, und er würde sich über seine Ängste lustig machen. Aber auch der Drache würde leiden, denn auch mit dem besten Willen der Welt kann er sich nicht in einen Denker, wie Rodin ihn dargestellt hat, verwandeln, nicht einmal, um dem Hund eine Freude zu machen. Er ist, wie er ist, man muß ihn so nehmen mit seinen Vorzügen und Fehlern, ihn ohne Vorbehalt bewundern wegen seiner wunderbaren menschlichen Wärme. Große Probleme für den Hund. Er wird versuchen, den Drachen schlechtzumachen und herabzusetzen, um das wiederherzustellen, was er für die authentische Wahrheit hält. Aber unglücklicherweise gelingt ihm das nicht, und das trägt ihm Komplexe ein – als ob er davon nicht schon genug hätte ...

Hund/Schlange

Die Hunde lieben im allgemeinen die Schlangen sehr. Sie schätzen sie wegen ihrer Weisheit und ihrer Tiefe – und vergessen ihre eigennützige, streberhafte Seite. Sie idealisieren sie gern, denn die Schlangen geben ihnen Sicherheit durch ihre Fähigkeit zum Nachdenken. Man kann sich fragen, warum. Aber es ist so!

Was die Schlangen angeht, so bewundern sie ernsthaft die Ehrlichkeit der Hunde, selbst wenn sie diese nicht nachahmen wollen. Dennoch kann das gut gehen in dem Maß, wie die Schlange es hinnimmt, idealisiert zu werden, was ihr nicht lange genügt, denn in der Liebe mag sie die Schwierigkeiten. Sie geht dann rechts und links ein wenig vom Weg ab, nachdem sie ihren Hund-Partner völlig gelähmt hat, der sich in der Zwischenzeit weiter um den Haushalt kümmert. Ach ja, der Hund widersetzt sich kaum. Außerdem ist er doch zufrieden, denn seine Schlange kommt regelmäßig zurück, um sich um ihn herumzurollen und ihn damit in der Abhängigkeit zu halten. Recht und schlecht kommen sie weit, der eine aus Liebe, der andere aus Zärtlichkeit. Und immerhin sind sie so glücklich ...

Hund/Pferd

Auf den ersten Blick ist das nicht selbstverständlich, so unterschiedlich sind die beiden Zeichen: Das eine ist selbstbewußt, egozentrisch und begeisterungsfähig, das andere skeptisch, pessimistisch und großzügig. Dennoch kann es sehr gut gehen, denn sie neigen beide nicht dazu, ihren Partner in Frage zu stellen, noch ihn zu dominieren oder zu kritisieren (außer das Pferd macht wirklich eine Riesendummheit).

Bei diesem Paar lebt jeder sein Leben und baut sich sein persönliches System von Befriedigungen auf, ohne den anderen allzusehr zu stören.

Der idealistische Hund beschäftigt sich sehr viel mit anderen, was dem Pferd die Zeit läßt, sich mit sich selbst zu beschäftigen, und alle sind zufrieden. Um so mehr, als der Hund treu ist, was jedes Pferd schätzt, denn das gibt ihm Ruhe.

Tragisch wird es, wenn das Pferd sich plötzlich langweilt und sich auf anderen Wiesen tummelt. Der sensible Hund leidet dann und hat große Schwierigkeiten, sich davon zu erholen.

Gespannte Beziehungen

Hund/Ziege

Die Ziege-Geborenen sorgen sich oft um die Gegenwart und um die nahe Zukunft. Die Hund-Geborenen haben eine größere, tiefere Unruhe. Beide brauchen die Bestätigung in bezug auf die Treue des anderen und auf den Wert der Gefühle, die man ihnen entgegenbringt. Und sie sind, graduell unterschiedlich, pessimistisch. Die Ziege mit Philosophie, der Hund mit Ängsten.

Insofern sollte man sie nicht in dasselbe Boot setzen, sonst geraten sie, ohne sich die Zeit zum Luftholen zu nehmen, zwischen Scylla und Charybdis, und sie würden nur ihre jeweiligen Ängste steigern und weiterentwickeln. Man würde die beiden wiederfinden, vollgestopft mit Beruhigungsmitteln. Und zwi-

schen zwei Riesendosen an Medikamenten würden sie das Ende der Welt und der Industriegesellschaft vorhersagen. Ein anderes Hindernis: Der Hund tut sich schwer mit der Fantasie. Er ist ernsthaft, verantwortungsbewußt und selten fröhlich. Die Einstellung der Ziege zur Fantasie erscheint ihm daher wie eine Beleidigung des gesunden Menschenverstandes. Nein, man kann sie sich zusammen nicht gut vorstellen. Es sei denn, sie gründen eine mystische oder ökologische Sekte.

Hund/Affe

Sie haben beide eine kritische Seite, am Rand ein wenig zynisch, machen sich über ihren Nächsten kaum Illusionen und kultivieren gern die bittere Pflanze der Ironie. Aber es gibt einen Haken: Zusätzlich zu all dem ist der Hund zutiefst idealistisch, er gehört zu der Sorte, die ausruft: »Alles ist verloren außer der Ehre!« und ähnliche historische Sätze dieser Art, die dem Affen vollkommen unrealistisch vorkommen. Er ist Opportunist und keineswegs uneigennützig.

Zwischen Hund-Kind und Affe-Eltern oder zwischen Freunden aus der Kindheit und zwischen Geschwistern, die zusammen aufgewachsen sind, mag das gehen. Aber bei einem Paar? Der Hund wird zutiefst enttäuscht sein und es nicht zu sagen wagen. Nach und nach sammelt sich eine riesige Rachsucht gegenüber dem Affen an, er ist eifersüchtig auf dessen Sorglosigkeit und Mangel an Skrupeln so nach der Art: »Er ist wirklich unehrlich, aber alles läuft gut für ihn. Welche Ungerechtigkeit!«

Und was den Affen angeht: Er wird sich sehr schnell langweilen. Und die Flucht ergreifen. Er ist viel zu ängstlich – insgeheim –, um sich mit den Sorgen eines anderen zu belasten.

Hund/Hahn

Diese beiden Zeichen haben einen gemeinsamen Punkt, und das ist der kritische Geist. Der Hahn stellt ihn ziemlich systematisch unter Beweis, ohne sich aber bewußt zu sein, welche

Kratzer er verursacht. Der Hund setzt ihn wissentlich und sehr bewußt ein, wenn er genervt ist. Und was ihm auf die Nerven geht, na ja, das sind genau die typischen Fehler des Hahns, seine geschwätzige, aufschneiderische Seite, sein »Ich! Ich!«, seine Leichtlebigkeit, seine Sorglosigkeit. Diese ganze Leichtigkeit kommt ihm wie eine persönliche Beleidigung gegenüber der Unruhe des Hundes vor. Diese Beziehung läuft daher Gefahr, in eine Redeschlacht auszuarten. Sie leiden beide darunter, denn sie sind sensibel.

Dennoch, wenn der eine seinen Sinn für den »lapidaren Satz« und der andere seine moralische Strenge unterdrückt, könnten sie sich gegenseitig helfen, denn ihre guten Eigenschaften ergänzen sich. Aber werden sie sich diese Mühe geben?

Hund/Hund

Warum nicht? Gleich und Gleich gesellt sich gern. Und diese beiden werden vereint durch ihre Liebe zu Kindern, zur Sicherheit in der Familie, zu schützenden Grenzen. Und vielleicht auch ganz einfach durch die Liebe zur Liebe. Wenn dieses Paar ungezwungen wirkt, verlassen Sie sich nicht darauf: das ist eine Verteidigung, eine Fassade. Tatsächlich sind sie einer vom anderen unendlich abhängig, es reicht eine kurze Abwesenheit, ein scharfer Satz, um ihre gefühlsmäßigen Stützen aus dem Gleichgewicht zu bringen. Aber die Gleichheit ihrer Bedürfnisse rettet sie. Natürlich sollte man ihnen eine solide finanzielle Lage wünschen, Kinder von guter Gesundheit, eine Zeit des Friedens. Wenn nicht, kommen sie um den Schlaf, weil einer lauscht, ob der andere schon einschlafen konnte.

Hund/Schwein

Ausgezeichnetes Verständnis, was vor allem dem Hund zugute kommt. Das lebensfrohe Schwein gibt ihm in der Tat das Quentchen Unbekümmertheit und die Ladung Optimismus, die ihm fehlen. Beide sind ehrlich, großzügig und verständnisvoll und schätzen sich wegen ihrer Vorzüge, trösten sich,

Gleich und gleich gesellt sich gern

überzeugen einander, daß es das Wichtigste ist, zu leben und zu lieben. Sollen sich die Wölfe doch selbst zerreißen oder was immer sonst passiert.

Der selbstsichere Hund ist glücklich und friedlich. Selbst in der Freundschaft und in Geschäften interessiert er sich für das, was das Schwein zu sagen hat, und das gibt ihm nur nützliche Ratschläge.

Das manchmal ungeschickte, naive Schwein seinerseits profitiert von dem Mißtrauen des Hundes. Wenn nötig, verteidigt er es mit allen seinen Kräften. Von Zeit zu Zeit gehen dem eher philosophischen Schwein die Anfälle von fieberhafter Unruhe auf die Nerven, die beim Hund häufiger vorkommen. Es möchte ihm sagen: »Entspann dich, bleib cool.« Macht man die Rechnung auf, so hat der Hund mit einem Schwein-Partner weniger Angst vor Dieben, denn er bekommt einen Sinn für das Relative. Ein schönes Geschenk ...

PROMINENTE HUNDE

Alain Fournier, Anouilh, Arletty, Brigitte Bardot, Barnard, J. L. Barrault, Barrès, Bizet, Blücher, Brecht, Aristide Briand, Francis Carco, Champollion, René Clair, Benjamin Constant, Coustaud, Dalida, Débussy, Raymond Devos, Dumas der Vater, Eisenstein, Kaiserin Eugenie, Feydeau, B. Franklin, Gagarin, Gambetta, Garcia Lorca, Gershwin, Hemingway, Victor Hugo, Kossuth, Kurosawa, Lacordaire, Madame de Lafayette, Lamartine, Leibniz, Lope de Vega, Sophia Loren, Pierre Loti, Ludwig XVI., Magritte, Marconi, Maupassant, Millet, Molière, Elvis Presley, Rasputin, Madame Roland, Eric Satie, Scarron, Schönberg, Madame de Staël, R. L. Stevenson, Talleyrand, Tizian, Tschou En-lai, Voltaire, Zeppelin.

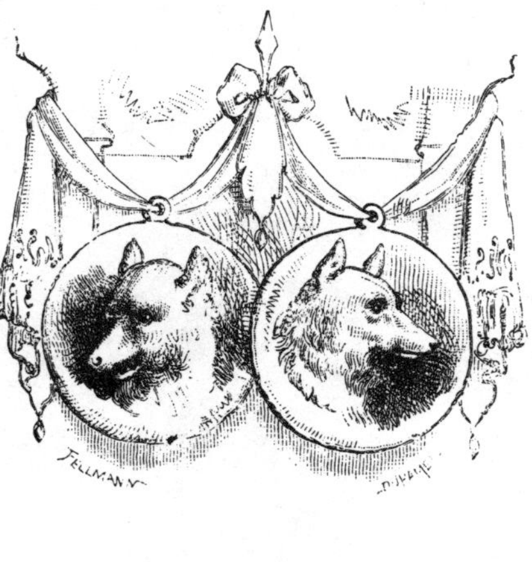

2. Teil

DER WEGGEFÄHRTE

知覺不離理。理貫通。無心則無着處。心是

Nach dem chinesischen Zeichen Ihres Geburtsjahres hier nun das Zeichen Ihrer Geburtsstunde.

Was ist ein Weggefährte? Eine Art »Aszendent« entsprechend Ihrer Geburtsstunde, ein weiteres Tier, das zu den zwölf chinesischen Tierzeichen gehört. Es ist ein Begleiter, der Ihnen folgt, bereit, Ihnen zur Hilfe zu kommen, der die Fallen und Schlingen auf Ihrem Weg beseitigt, ein ständiger, hilfreicher Schatten, der das Unmögliche möglich macht.

Er ist eine Ergänzung, ein Plus: Mit seiner eigenen Beschaffenheit, seinen Neigungen, seiner andersgearteten Psychologie ist er gleichzeitig Zeuge und Handelnder in Ihrem Leben, Schutzengel und Anwalt des Teufels.

Haben Sie nicht auch schon in sich die Gegenwart eines anderen Selbst gespürt, mit dem Sie mal in Harmonie, mal im Konflikt leben? Das Sie mal kritisiert, mal ermutigt? Das ist er, der Weggefährte.

Manchmal stellt er sich als Störenfried und Betrüger dar. Es ist wahr, er stört oft unsere Gewohnheiten und unser geistiges oder seelisches Wohlbefinden. Mit diesem inneren Doppelgänger ist der Weg weniger monoton, und der Reisende vergrößert seine Chancen, das gesteckte Ziel zu erreichen, wobei nicht das Ziel wichtig ist, sondern allein die Reise zählt. Da die größte Gefahr im Schlaf lauert, ist es nützlich, einen Begleiter zu haben, der Sie in »wachem Zustand« halten kann und dafür, wenn nötig, Ihre Bezugspunkte auf den Kopf stellt, Ihre geheimen Gärten zertrampelt und schließlich den großen Schleier der Illusion zerreißt.

Es passiert manchmal, daß Ihr Weggefährte und Ihr Geburtsjahr wie Zwillingsbrüder dasselbe Zeichen haben, beispielsweise Hund/Hund. In dem Fall, sollten Sie wissen, wird er Sie dahin bringen, sich selbst einfach anzunehmen und den doppelten Aspekt, Yin und Yang, den Sie in sich tragen, auszuleben. Auf alle Fälle tragen Sie alle zwölf Tiere in sich. Also brechen Sie auf zu dem langen Weg, zum großen Abenteuer, zu der schönen Reise, in deren Verlauf Sie das Erhabene und das Groteske, die vergängliche Wirklichkeit, den Traum und die Scheinwelt in harmonischer Verflechtung vorfinden werden.

Stundentabelle der zwölf Tierzeichen

Wenn Sie zwischen

23 und 1 Uhr geboren sind, ist Ihr Weggefährte	Ratte
1 und 3 Uhr	Büffel
3 und 5 Uhr	Tiger
5 und 7 Uhr	Katze
7 und 9 Uhr	Drache
9 und 11 Uhr	Schlange
11 und 13 Uhr	Pferd
13 und 15 Uhr	Ziege
15 und 17 Uhr	Affe
17 und 19 Uhr	Hahn
19 und 21 Uhr	Hund
21 und 23 Uhr	Schwein

DER HUND UND SEIN WEGGEFÄHRTE

Der Hund/Ratte

Das ist eine ideale Verbindung. Der Hund ist der Führer der Seelen auf der »Reise«. Er ist auch der Bewacher des Jenseits. Ganz wie das Nagetier entwickelt er sich zwischen der unterirdischen und der unsichtbaren Welt. Treu und geheimnisvoll, ein wenig pessimistisch, ist er oft dem Todesgedanken verbunden wie die Ratte. Wie sie spürt er ständig tiefe Ängste. Und der Gefährte Ratte haucht ihm unvorhersehbare Anflüge von Aggressivität ein, die ihm Schuldgefühle und einen kritischen Geist geben.

Der Hund/Büffel

Das ist eine etwas sonderliche Verbindung, denn der Pessimismus des Hundes, verbunden mit der Langsamkeit und der Ernsthaftigkeit des Büffels, läuft Gefahr, in eine außergewöhnliche und ein wenig unfreundliche Schwere zu münden. Der Hund ist der Wächter des Jenseits, der Büffel der des Labyrinths: Der Hund/Büffel ist daher eine Art Zerberus-Minotaurus, der ein wenig beunruhigend ist. Tatsächlich kann der Hund dem Büffel die Eigenschaften des Zurückweichens und der Selbstbetrachtung geben, die ihm oft fehlen. Der Büffel seinerseits lindert die Zweifel, die Lebensangst und die quälenden Fragen des Hundes. Der Hund/Büffel gewinnt also an Hoffnung und Klarsicht. Er lernt sich selbst ein wenig besser kennen, was der Beginn der wahren Weisheit ist.

Der Hund/Tiger

Ist doppelter Wächter. Beschützer der Dämonen und der Seelen im Jenseits. Pessimistisch, vorübergehend Menschenfresser im Fell des Tigers, fühlt er sich in der sogenannten »unsichtbaren« Welt wohl und ist klug auf seinem Gebiet. Auf dem Weg selbstsicher, ruhig und umsichtig, gibt ihm die Hund-Seite das Bewußtsein für die Zeit und für den zu durchquerenden Raum, das Gefühl für die Vergänglichkeit der Dinge und den Sinn für den Verzicht. Dieser Hund/Tiger weiß besser als jeder andere, daß es nach der Reise eine neue Straße gibt, die man gehen muß. Achtung: Sie berühren den Boden nicht mehr, und Ihr Heiligenschein ist verkehrt herum.

Der Hund/Katze

Die Hund-Komponente dieser Persönlichkeit wird anerkannt als Führer, Bewacher, treuer Begleiter bis in die unsichtbare Welt, sogar jenseits der Straße und der Reise. Er ist ein wertvoller Verbündeter, den die Katze, selbst ein wenig egoistisch, in sich entdeckt. Der Hund/Katze ist umsichtig oder eher von einem fast krankhaften Mißtrauen. Die Sonne kann auf seinen Weg scheinen, er denkt schon wieder an die Dunkelheit, die folgen wird. Dieses Tier paßt sich der Zeit nur schwer an, es ist unfähig, im gegenwärtigen Augenblick zu leben, es neigt zum Grübeln, dazu, sich übermäßig mit seinen vergangenen Niederlagen zu befassen oder sich die Prüfungen, die noch kommen, vorzustellen. Weint dieser Hund/Katze über sich selbst? Über sein oft eingebildetes Unglück? Wenn er nicht gar niedergeschlagen ist wegen der Entfernung, die zurückzulegen ist? In diesem Fall vergißt er sie, wenn er seinen Blick auf die einfachen Vorgänge des Lebens richtet, die ihn umgeben.

Der Hund/Drache

Er gehört zu denen, die Vertrauen erwecken, und man kann ihm mit gutem Gewissen seine Freundschaft schenken und seinem Wort glauben. Der Hund/Drache ist ein loyales, starkes, treues Tier, es weiß ohne Anmaßung seine Chancen zu nutzen, die sich ihm auf seinem Weg bieten. Er nimmt sie nicht als ein Muß hin, sondern als ein Geschenk des Schicksals. Der Hund weiß den Drachen, der in ihm schlummert, zu nutzen und gibt ihm seinerseits den Sinn für Nachgiebigkeit, Humor, einen Sinn für eine subtilere, feinere Welt, für eine innere Dimension, während der Drache, immer auf heißen Kohlen sitzend, sich nicht unbedingt die Zeit nimmt, um innere Sammlung, Meditation und den Kontakt mit dem Unsichtbaren und dem Jenseitigen zu erkennen und zu verstehen.

Hund/Schlange

Besitzt einen ausgeprägten Sinn für Moral. Er ist auch intuitiv, hat aber eine Neigung zum Pessimismus, mit ihm wird das Leben sehr kompliziert. Er ist ein gequälter Mensch, der beim kleinsten Windhauch das Gewitter vorhersagt und die Sintflut bei ein paar Regentropfen. Immer auf der Hut, läuft er Gefahr, den Verfolgten, den Angeschossenen zu spielen, dessen Gesellschaft man nicht besonders gern sucht. Das ist schade, denn der Hund/Schlange ist voller Mut und Wärme, er kann treu sein, aber er braucht es, geliebt zu werden und Bestätigung zu finden.

Der Hund/Pferd

Gleichzeitig Reittier und Lenker, loyal und treu, geht er seinen Weg Tag und Nacht mit Beharrlichkeit, läßt sich von seiner Intuition treiben, mäßigt seine Ungeduld und sein Ungestüm und nimmt hin, nicht an sich zu zweifeln, sondern sich in Frage zu stellen und sich zu bessern. Er schafft es auch, seinen Hochmut und seine Angst vor der Niederlage zu beherrschen, indem er nicht zögert, über seine Fehler und Schwächen zu lächeln. Das hindert ihn nicht daran, hitzig und leidenschaftlich zu sein. Sein Hund-Teil erlaubt es ihm, zu Geheimnissen und Dimensionen vorzudringen, die das Pferd nur sehr selten und schwer erreichen kann – in eine Welt der Einsicht und der wesentlichen Fragestellungen, in der die Hitzigkeit des Pferdes sich verfeinert und vergeistigt.

Der Hund/Ziege

Mit einer bemerkenswerten Intuition begabt. Leider neigt dieses Tier dazu, sich das Leben schwerzumachen, indem es Stimmungen, Ideen und Entschlüsse ändert, seine Schritte zurücknimmt und mißtrauisch und pessimistisch ist. Auf jeden Fall ist der Hund/Ziege treu und mutig. Auch wenn er das Kunststück fertigbringt, sich selbst in gefährliche Situationen zu bringen, gibt er nicht nach und geht bis ans Ende. Was er eigentlich sucht: daß man ihn bemerkt und sich ihm anschließt. Denn am unerträglichsten sind für ihn die Einsamkeit und das Fehlen von Zuneigung.

Der Hund/Affe

Ein außergewöhnlich intuitives Tier. Es ist schwer, ihm die Pfade durcheinanderzubringen, er wird seinen Weg immer wiederfinden, trotz der Hindernisse und Schwierigkeiten. Er neigt trotzdem dazu, sich sein Leben und die Reise zu erschweren. Er hat einen Horror vor der Einfachheit, vor den geraden Linien, den direkten Wegen. Der Hund/Affe ist oft einzigartig, mit Phasen, die von überschäumender Begeisterung und von Depression gekennzeichnet sind. Heute voller Schwung, selbstsicher, sogar ein bißchen zu sehr, sieht er am nächsten Tag alles schwarz, stellt seine Pläne in Frage, seine Studien und seine Entscheidungen. Vermeiden Sie es, ihm zu folgen, wenn Sie »friedliche« Reisen mögen.

Der Hund/Hahn

Voller Ehrenhaftigkeit und Treue ist er Wachtposten und Hüter. Er weiß, seine schöne Sicherheit in Frage zu stellen, in sich zu gehen und seine Aggressivität zu mäßigen. Er führt die Reise ebenso gut in der Nacht wie am Tag durch, indem er die beiden Welten des Schattens und der Sonne betritt. Kämpferisch ist er eine Art aktiver Pessimist, und die Prüfungen des Weges entmutigen ihn keineswegs, er geht weiter, aber ohne Eroberungsgeist oder Rachsucht. Der Hund/Hahn arbeitet an sich selbst, versucht sich zu bessern, ohne jedoch die zu übersehen, die ihn umgeben. Er ist ein Mensch des Wortes und des Herzens.

Der Hund/Hund

Macht sich auf den Weg mit Angst im Bauch, ist ständig auf der Hut und richtet sich bei dem kleinsten Alarm auf. Er ist ein Pessimist, ein Verängstigter. Das einzige Heilmittel: Kommunikation mit den Menschen, was ihn zwingt, über sich hinauszuwachsen und schließlich an sich selbst zu glauben. Der Hund/Hund erträgt die Einsamkeit nicht, und er zieht es vor, seinen Weg zu verlängern, um Gefährten zu finden, um sich von Menschen umgeben und geliebt zu fühlen. Einem Hund/Hund Zuneigung zu schenken ist für ihn gleichbedeutend mit einer Anregung, mit einer Stärkung. Die Liebe ist sein Motor, sein Brennstoff. Ohne sie schleppt der Hund sich dahin, zweifelt an sich selbst und geht sogar so weit, seinen eigenen Weg auf der Erde in Frage zu stellen.

Der Hund/Schwein

Der Hund/Schwein ist in der Lage, die Einsamkeit anzunehmen, er zögert nicht, die engen Pfade fern der großen Durchgangsstraßen zu benutzen. Tatsächlich gewinnt er ein gewisses Selbstvertrauen, seine Zweifel sind weniger offensichtlich und wiegen weniger schwer für seine Umgebung. Sich seiner Individualität bewußt, neigt er dazu, sich der geistigen Welt zuzuwenden, die ihn anzieht und fasziniert. Und er versucht, die Schwelle zu überschreiten, deren Wächter er ist, und die empfindsame Grenze zu übertreten, die die beiden Welten trennt. Im allgemeinen vom sozialen und materiellen Erfolg begünstigt, bleibt der Hund/Schwein doch rätselhaft und geheimnisvoll für seine Mitmenschen.

3. Teil

DER HUND UND DIE FÜNF ELEMENTE

事皆然、且如涵養致知亦何所始、但學者須自截從一處做去。

動爲靜之理、如人之氣吸則靜噓則動。又問答之際、答則動也

IHR ELEMENT

In der chinesischen Astrologie ist jedes Jahr mit einem Element verbunden. Es sind die fünf Elemente: Wasser, Feuer, Holz, Metall, Erde.

Jedes der zwölf Tierzeichen wird also nacheinander mit jeweils einem der fünf Elemente verbunden. Zum Beispiel: Die Ratte ist im Jahr 1900 Erde, 1912 ist sie Feuer, 1924 Metall, 1936 Wasser und 1948 Holz.

Das Ursprungspaar und die fünf Elemente

Um das zu Ihrem Geburtsjahr gehörende Element zu finden, benutzen Sie die folgende Tabelle:

Jahre am Ende mit 1 und 6: Wasser
2 und 7: Feuer
3 und 8: Holz
4 und 9: Metall
5 und 0: Erde

Dieselbe Verbindung Tier-Element kehrt also alle 60 Jahre wieder. Beispiel Ratte-Erde: 1960 – 1900 – 1840 – 1780 – 1720 usw.

Diese fünf Elemente sind wesentliche Kräfte, die auf das Universum wirken, mit den Zeichen verbunden sind und die Grundlage für jedes Horoskop bilden. Bewegung und Fließen, Yin und Yang, diese Kraft-Symbole, sind in ständiger Aktion und Wechselbeziehung.

Das Holz gebiert das Feuer, das gebiert die Erde, die gebiert das Metall, das gebiert das Wasser, das seinerseits das Holz gebiert.

之體。命動則是波。靜時是性，動則是情。
聖人如此說，便是有此理。濁的水裏面
問死者魂氣既散，而立者，蓋具於我而

DER HUND/WASSER

(Sie sind 1946 geboren)

Im Norden des Himmels wurde die Kälte geboren. Als sie zur Erde niederstieg, erzeugte sie das Wasser. In China ist das Wasser eher gleichbedeutend mit Kälte und Eis als mit der fruchtbaren Quelle.

Die Tendenz Hund/Wasser

Wasser der Winternächte, Kälte, Härte, Strenge, ruhiges und tiefes Wasser, das Furcht und Respekt erzeugt, schlafendes Wasser, das den ruhenden Unterwasser-Geistern Schutz gibt. Stinkendes, schmutziges Wasser der Sümpfe. Zuflucht der Kriechtiere. »Das Wasser kann Zeichen des totalen Stillstands sein.« (Jean-Michel de Kermadec, Les Huit Signes de Votre Destin [Die acht Zeichen Ihres Schicksals], L'Asiathèque.)

Der Hund/Wasser mit der Tendenz Yin fühlt sich wohl in seinem Element Yin. Er ist sogar in Versuchung, sich dort ein wenig zu wohl zu fühlen. Das Wasser, das einzieht und einsikkert, birgt die Gefahr, wenn nicht ihn auf seinem Weg aufzuhalten, so doch aber wenigstens ihn zu bremsen. Er sucht dort Zuflucht, um seine Ängste, seinen Zweifel und seinen Pessimismus zu verbergen. Gehören Sie nicht zu dem Dreigespann Erde-Wasser-Mond? Hund auf der Suche nach dem verlorenen Paradies, der am Rand der geheimen Welten umherirrt.

Die Gesundheit des Hundes/Wasser

Das Organ des Wassers sind die Nieren, die Geschmacksrichtung das Salzige. Pessimistischer, furchtsamer Hund, seien Sie kämpferisch und dynamisch, suchen Sie die Kraft in dem Element Wasser, das gleichzeitig stärkend ist, und sorgen Sie dafür, daß der salzige Geschmack nicht der von Tränen ist.

Der Hund/Wasser und die anderen

Der Hund/Wasser ist aktiv und unternehmungslustig. Während seiner gesamten Karriere bleibt er sorgfältig und tugend-

haft. Eine seiner Haupttugenden ist die Ausdauer. Vor Hindernissen streckt er nicht die Waffen, und er weiß außerdem, anderen zuzuhören und ist für Ratschläge zugänglich. Leider fehlt es ihm an Selbstvertrauen, und beim ersten Fehler stellt er sich selbst in Frage. Seine Umgebung ist manchmal versucht, das auszunutzen, aus seinem Zurückweichen und seiner Unausgeglichenheit Vorteile zu ziehen. Der Hund/Wasser ist sich dessen vollkommen bewußt, aber er weigert sich, der Wirklichkeit ins Gesicht zu sehen, und zieht es vor, sich anzuklagen, sich selbst zu verachten, statt an den Beziehungen zu seinen Freunden zu zweifeln. Im übrigen neigt er dazu, bestimmte Situationen zu dramatisieren, und am Nebel, an den verschwommenen Formen und den Fantasien Gefallen zu finden. Wenn der Hund nicht aus London ist, raten wir ihm, die Dinge aufzuklären, selbst wenn ihn der Vorgang viel Anstrengung kostet.

Ratschläge für einen Hund/Wasser

Sie sind rein und treu, respektieren Sie Ihre Überzeugungen, die trüben und sumpfigen Wasser sind kein bevorzugter Platz für einen Hund. Versuchen Sie nicht, Ihr Naturell zu quälen, sondern versuchen Sie, sich selbst besser kennenzulernen.

Ein Jahr des Hundes/Wasser

Der Höhepunkt in einem Hund/Wasser-Jahr ist der Winter, Zeit des Reifens.

Nachdenklicher Hund, Sie sind auch kämpferisch, bringen Sie Ihre Zeit ins Gleichgewicht, teilen Sie sie zwischen Handeln und Nachdenken. Lassen Sie sich nicht vom schlafenden Wasser anziehen, vom Dunst und Nebel, schöpfen Sie aus der Quelle des lebendigen, klaren Wassers. Glauben Sie an sich: den Zweifel vertreiben heißt, Energie und Schwung sammeln, versagen Sie sich dieses Recht nicht.

Historisches Beispiel für ein Jahr des Hundes/Wasser

1886

Von einer schwachen und unpopulären Macht regiert, in Parteien zerstritten, ständig von Royalisten und Bonapartisten angegriffen, scheint die französische Republik mehr als zu wanken. Eine einzige Kraft findet Gnade vor den Augen der Massen: die französische Armee, die die Hoffnung auf Rache gegen die Preußen verkörpert. Und ein Mann scheint von Liebe und wachsendem Ansehen umgeben zu sein: der Kriegsminister General Boulanger. Seine ungeheure Popularität verdankt er im wesentlichen seiner Eleganz, seiner stolzen Haltung und in gewissem Maß auch der Tatsache, daß er Soldat ist. Jedesmal, wenn er sich in der Öffentlichkeit zeigt, ist die Begeisterung ungeheuer. Viele fingen schon an, vom Brumaire (dem zweiten Monat im Jahr des französischen Revolutionskalenders) zu reden, von Säuberung und Diktatur. Es ist der 14. Juli 1886, der wirklich die Geburt – die Explosion – des Boulangismus markiert.

Diese Schau – Boulanger hat sie mit seinem Sinn für das Theatralische, der charakteristisch für ihn ist, sorgfältig vorbereitet. »Ich muß«, hat er zu seinem alten Freund, dem General de Kerbrech, gesagt, »ich muß, hörst du, am nächsten 14. Juli ganz Paris für mich gewinnen.« Er überwacht alles, läßt algerische Truppenkommandos kommen, 6000 Mann aus Tonkin. Man hat mit großem Aufwand eine außergewöhnliche Schau angekündigt, und die Massen drängen sich in Longchamps, sind neugierig, machen Späße und sind schnell zu begeistern. Um halb vier erscheint hinter einer Gruppe von nordafrikanischen eingeborenen Reiter-Regimentern und gefolgt von einer Eskorte von 400 Offizieren General Boulanger. In rosa Hosen, einer türkisfarbenen Schnürenjacke, schwarzem Wehrgehänge, einem Zweispitz mit weißen Federn und ordenübersät kommt er auf einem tänzelnden weißen Pferd daher. Mit großer Geste grüßt er den Präsidenten der Republik, Jules

Grévy, und die anderen Persönlichkeiten, die in ihren schlichten Mänteln ziemlich farblos wirken. Dann übernimmt er die Spitze des Vorbeimarsches. Mit einem Schlag ist die Menge erobert, und Beifallsrufe ertönen aus allen Kehlen. »Es lebe Boulanger!« übertönt die vereinzelten Rufe von »Es lebe Frankreich, es lebe die Republik«. In dieser Nacht singt man auf allen öffentlichen Bällen »Moi j'faisais qu'admirer Notr'brav'général Boulanger«. (Ich liebe nun einmal Boulanger, den General.)

In den nachfolgenden Wochen gewinnt der Boulangismus an Breite und Tiefe. Der General, der allen alles verspricht, sichert sich die Unterstützung der rachsüchtigen und kriegshetzenden Republikaner, der Monarchisten aller Gruppen und sogar der Sozialisten. Drei Jahre sind nötig, bis man merkt, daß diese Person in Wirklichkeit ein künstlich aufgeblasener Schwächling ist, der sich nicht traut, den letzten Schritt zu tun und die Zügel der Macht zu ergreifen.

Aber in diesem Jahr 1886 ist Frankreich ganz trunken von Liebe zu diesem schönen Soldaten.

DER HUND/HOLZ

(Sie sind 1958 geboren)

Im Osten des Himmels wehte der Wind, und aus seiner warmen Liebkosung der Erde wurde das Holz geboren.

Die Tendenz Hund/Holz

Das Holz gehört zum Morgen, zum Frühling, zu einer sanften Natur, es liebt die Harmonie, Schönheit und Eleganz. Frühling, Symbol der Sanftheit, Zeit der Fruchtbarkeit und der Schöpfung. Zeit, in der die Natur ganz erwacht und sich den Kräften der Jugend öffnet, Zeit des Erwachens und des Wachsens.

Der Hund/Holz, der intuitiv und ein Sehender ist, versäumt es nicht, sensibel zu sein gegenüber dieser Natur, die ihn umgibt, gegenüber dieser Zärtlichkeit, die ihn durchdringt. Sie macht für ihn sein »vorübergehendes Erdendasein« sanfter und schenkt ihm die Möglichkeiten, seine Gefühle mit Hilfe der Kunst und aller Formen an Kreativität einfühlsam umzusetzen. Diese poetische Sicht und der Sinn für Ästhetik erlauben es dem Hund/Holz, endlich sein Gleichgewicht zu finden – bis zur Übertreibung, denn das Holz ist ein leidenschaftliches Element, das zu großer Wut und jäher Gewalt fähig ist. Ganz allgemein können die Zweifel und die für den Hund so typischen Ängste sublimiert werden im ästhetischen Kontakt mit der Welt.

Die Gesundheit des Hundes/Holz

Das Organ des Holzes ist die Leber, die Geschmacksrichtung das Saure. Wenn Sie voller Angst sind oder wenn Sie sich von schrecklichen Wutanfällen davontragen lassen, gleichen Sie das nicht durch Übertreibung bei Tisch aus.

Der Hund/Holz und die anderen

Seinen Mangel an Selbstvertrauen hinter einem ruhigen, entspannten Äußeren verbergend, hat der Hund/Holz ein lockeres, weiches äußeres Erscheinungsbild. Das ist in Wirklichkeit eine Verteidigungsreaktion, denn der Hund/Holz fühlt sich

unbehaglich, wenn er nicht in seiner Welt ist. Dank einer immer fruchtbaren Fantasie hat er ausgezeichnete Möglichkeiten zur Improvisation. Er überzeugt, verwirrt und verführt erfolgreich. Der Hund/Holz ist in der Tat ein Verführer. Sein Charme kommt vermutlich aus seinem großzügigen Naturell, aus seiner Liebe zu Kunst und zum Land, wohin er sich gern zurückzieht, geschützt vor dem Tumult und dem Chaos, weit weg von dem Lärm und der Aufregung, die ihn fliehen läßt. Dieser Hund liebt die natürliche Harmonie, die poetische Dimension, ohne die die Freiheit in seinen Augen keinerlei Bedeutung hat.

Ratschläge für einen Hund/Holz

Indem Sie Ihre Angst beherrschen, können Sie sich vollkommen wohl in Ihrer Haut fühlen, Sie sind ein ausgeglichener Mensch, Sie haben Charme und können verführen. Ändern Sie also nichts!

Ein Jahr des Hundes/Holz

Der Höhepunkt in einem Hund/Holz-Jahr ist der Frühling, die Zeit des Wachsens und des Reichtums.

Sie, der Sie Harmonie und Schönheit suchen, Sie müßten überglücklich sein, besonders wenn Sie Künstler sind, sensibel gegenüber der Natur und schöpferisch arbeiten. Hüten Sie sich jedoch vor dem Zorn und der Intoleranz ...

Historisches Beispiel für ein Jahr des Hundes/Holz

1958

Die Spannung wächst in Algerien, wo die Franzosen eine Aufgabe fürchten. Am 13. Mai wird in Algier eine große Demonstration organisiert, um gegen die Einsetzung von Pflimlim als Ministerpräsident zu protestieren, der als »Verschleuderer« angesehen wird. Die Studenten von Algier nehmen das Regierungsgebäude ein, und General Massu, der die Präsidentschaft in einem Komitee zum öffentlichen Wohl annimmt, gibt gegen Mitternacht einen Aufruf an General de Gaulle heraus. Dieser veröffentlicht am 15. Mai das folgende Communiqué: »Der Verfall des Staates zieht unweigerlich die Entfremdung der miteinander verbundenen Völker, Unruhe in der kämpfenden Truppe, den nationalen Zerfall und den Verlust der Unabhängigkeit nach sich. Verwickelt in Probleme, die zu schwerwiegend für eine Parteienregierung sind, ist Frankreich seit zwölf Jahren in diesem katastrophalen Prozeß engagiert. Unlängst hat mir das Land zutiefst Hoffnung gegeben, es zu seinem Wohl zu führen. Heute, angesichts der Prüfungen, die ihm wiederum aufgegeben werden, soll es wissen, daß ich mich bereithalte, die Macht in der Republik zu übernehmen.«

Während einer Pressekonferenz, die er am 19. Mai im Palais d'Orsay gibt, erklärt de Gaulle: »Glaubt man, daß ich mit 67 Jahren die Laufbahn eines Diktators einschlagen werde?« Fünf Tage später schlägt sich Korsika auf die Seite des Widerstands, und man spricht immer öfter von einem Fallschirmjäger-Angriff auf Paris. Am 27. Mai, am Ende einer zweischneidigen Gemeinsamkeit mit Pflimlim, erklärt de Gaulle: »Ich habe gestern den regulären Prozeß eingeleitet, der notwendig ist, um eine republikanische Regierung einzusetzen, die in der Lage ist, die Einheit und die Unabhängigkeit des Landes zu sichern.« Aber die Parteien mucken auf, und die Politiker suchen Ausflüchte. Gegenüber Vincent Auriol ruft de Gaulle aus: »Warum hat man kein Vertrauen zu mir? Hätte ich, wenn ich gewollt hätte, nicht 1946 einen Staatsstreich herbeiführen können? Habe ich mich 1946 nicht einfach und würdig zurückgezogen nach den Schwierigkeiten, die mir die politischen Parteien gemacht haben? Hätte ich mich nicht heute noch an die Spitze der Revolte stellen können?«

Schließlich sind die letzten Schwierigkeiten ausgeräumt. Am 1. Juni begibt sich de Gaulle in die Nationalversammlung, wo er eine kurze Einsetzungserklärung verliest. Er beschwört die Gefahren des Bürgerkriegs, unterstreicht die Prinzipien, auf denen die künftige Verfassung beruhen soll, und verlangt für die Dauer von sechs Monaten freie Hand. Für die Einsetzung wird mit 329 gegen 224 Stimmen entschieden. Am nächsten Tag, als er an den Diskussionen über die besonderen Befugnisse in Algerien teilnimmt, sagt er den Abgeordneten: »Wenn Sie Ihr Vertrauen der Regierung geben, zieht der Mann, der zu Ihnen spricht, in Erwägung, dieses Vertrauen für den Rest seines Lebens in Ehren zu halten.« Der Zauber wirkt.

Am 3. Juni, als er ins Hotel Lapérouse zurückkommt, tippt der General dem Portier auf die Schulter: »Albert, ich habe gewonnen.«

So nimmt die 5. Republik ihren Anfang.

DER HUND/FEUER

(Sie sind 1922 oder 1982 geboren)

Im Süden des Himmels wurde die Wärme geboren, sie stieg auf die Erde und machte sie fruchtbar. Aus ihrer Vereinigung entstand das Feuer.

Die Tendenz Hund/Feuer

Das Element Feuer gehört zum Mittag, zum Süden, zum Sommer, das Feuer ist Yang, es wärmt, verbrennt, erhellt, verwandelt und zerstört.

Das Feuer, das in einem Hund wohnt, gibt ihm die Kraft und die Kampfbereitschaft, die nötig sind, um seinen Zweifel und seinen Pessimismus zu besiegen, es gibt ihm die Energie und die Lebenskraft. Aber das Feuer kann ein inneres Feuer sein. Und ehrfurchtsvoll gegenüber den Riten, empfindsam gegenüber den Symbolen und als Wächter des Jenseits sucht der Hund den Schlüssel zu dieser geheimnisvollen Pforte und das verlorengegangene geheimnisvolle Zauberwort, damit er nicht mehr dazu verdammt ist, an der Schwelle zu dieser anderen Welt zu verweilen, die ihn verfolgt und die ihn verzweifelt anzieht. Also übernimmt er wirklich die Rolle des geheimen Führers, und sein leuchtendes Auge jagt die Schatten und durchdringt das Dunkel.

Die Gesundheit des Hundes/Feuer

Das Organ des Feuers ist das Herz, die Geschmacksrichtung das Bittere. Sie werden von einer furchteinflößenden Kraft angeregt, die sich gegen Sie selbst wenden und zerstörerisch werden könnte. Kontrollieren Sie Ihre Triebe, hüten Sie sich vor Überaktivität, sie führt zur Depression.

Der Hund/Feuer und die anderen

Der Hund/Feuer ist, um die Wahrheit zu sagen, nicht einfach im Zusammenleben. Immer auf heißen Kohlen, regt er sich ständig auf und ist der ewig Unzufriedene. Von heftigen Leidenschaften getrieben und von plötzlichen Wutanfällen, wirkt er manchmal wie ein unerträgliches Geschöpf. Kämpferisch und unermüdlich, aber gleichzeitig unangreifbar und rein, wie er ist, kann nichts seine Entscheidung ändern noch seinen Entschluß beugen. Er ist ein unerbittlicher Chef: Er schenkt seinen Mitarbeitern nichts, haushaltet nicht mit den eigenen Kräften und akzeptiert nicht, daß ihm etwas entgeht oder daß man ihm die kleinste Opposition entgegensetzt.

Es kommt vor, daß er vom Mystizismus angezogen wird. Er sucht daher, sich von der Welt und vom Kontakt mit seinesgleichen zu trennen. Ausgerichtet ausschließlich auf die geistigen Wirklichkeiten, kann er sich vollkommen isolieren und sich in eine strikte, verbissene Askese zurückziehen.

Ratschläge für einen Hund/Feuer

Sie sind ein außergewöhnliches Wesen, nehmen Sie sich einfach an. Ihre Umgebung wird Sie schließlich auch so akzeptieren, wie Sie sind.

Ein Jahr des Hundes/Feuer

Der Höhepunkt in einem Hund/Feuer-Jahr ist der Sommer, die Zeit der Schöpfung.

Ein aktives, kämpferisches Jahr voller Energien, das Ihnen erlaubt, den materiellen Erfolg zu erreichen oder Zugang zu dem geistigen Reich zu bekommen, das Sie so sehr anzieht. Aber Achtung! Verzetteln Sie sich nicht, verbrennen Sie nicht so viele Strohhunde …

Historisches Beispiel
für ein Jahr des Hundes/Feuer

1682

Am 6. Mai 1682 verwirklicht Ludwig XIV. einen hartnäckig verfolgten Traum und macht Versailles zum Sitz der Monarchie und der Regierung. Dort ist die größte Baustelle, die man seit den Römern gesehen hat, voller Lärm, Staub, Schutt und Pestilenz. Und es gibt dort den Sonnentempel mit einem Überfluß an vergoldeten Bronzen, das Gold der Tapeten, das Gold der Vorhänge, das Gold an Tausenden von Gebrauchsgegenständen, das Gold der Orangenkörbe, das Gold der Dächer, der Statuen, der Bassins, der Karossen, es gibt die Goldstickereien auf Kleidungsstücken aus kostbaren Stoffen.

Die Gegensätze prallen überall aufeinander. Der Marmor, die Tapeten, die Kristallüster und kostbaren Steine, die wunderbaren Teppiche, die Gemälde, die den ersten Fundus des Louvre-Museums ausmachen, die Spiegel, die Schränke des Hofkunstschreiners Boulle, die Silberstücke, das Porzellan, die Konsolen von bis dahin unbekanntem Reichtum schmücken die eiskalten, schlechtriechenden Räume.

Abe die Begeisterung ist alles andere als einstimmig. So seufzt Madame de Maintenon: »Man kommt um vor lauter Symmetrie!« Aber Ludwig XIV. sorgt sich nicht um solche Kümmernisse. Er schafft ein gewaltiges Museum französischen Glanzes und lädt die Welt ein, es zu bewundern. Sein Ruf wird gehört. Aus Frankreich und dem Ausland strömt man in Massen herbei. Zweimal am Tag bringt ein Kutschendienst die Leute aus Paris. Jeder angemessen gekleidete Besucher darf durch die Gärten und Galerien gehen und am Abendessen und an dem Spiel der Majestäten teilnehmen. Es gibt an einem einzigen Tag bis zu 6000 Neugierige. Es ist ein Jahrmarkt, ein Volksgedränge, bei dem weder die Diebe noch die Bettler fehlen. Der König muß wegen der Menschenmassen manchmal auf seinen Spaziergang verzichten.

Ludwig XIV. setzt so einer Epoche ein Ende, in der die Monarchie den Franzosen ständig sehr nahe war. Der Sonnenkönig, auf halbem Weg zwischen Himmel und Erde schwebend, bekommt einen fast legendären Charakter. Aber er hört immer mehr auf, seine Untertanen zu kennen: Eines Tages wird er ihnen gänzlich unbekannt sein.

Aber im August 1682 ist eine solche Zukunft noch nicht vorstellbar. Am 6. erwartet die Gemahlin des Kronprinzen ihre Niederkunft. Um sechs Uhr abends bringt sie einen schönen Prinzen zur Welt: Ludwig, Herzog von Burgund. »Man wurde fast erdrückt«, schreibt der Abt von Choisy, »jeder nahm sich die Freiheit, den König zu umarmen. Die Menge trug ihn in seine Gemächer. Und er ließ sich von jedem umarmen, der es wollte.« Unter den Lichtern, den Freudenfeuern, dem Glokkengeläut und dem Kanonendonner war ganz Frankreich in einem Freudentaumel.

Diese Geburt des Herzogs von Burgund markiert den Höhepunkt der Dynastie, die sich seit sieben Jahrhunderten mit Frankreich identifiziert. (Nach Philippe Erlanger, Louis XIV, Librairie Académique Perrin.)

DER HUND/ERDE

(Sie sind 1910 oder 1970 geboren)

Der feuchte Zenith floß langsam vom Himmel, um die Erde zu erzeugen.

Die Tendenz des Hundes/Erde

Die Erde gehört zum Nachmittag, vom Sommer warme und feuchte Erde. Die Erde ist Symbol des weichen Nestes, der Behaglichkeit und des Überflusses. Erde der langsamen und tiefgreifenden Veränderungen.

Der Hund/Erde ist im allgemeinen eher egoistisch. Wenn er seine Ängste und seine Furcht, sich zu engagieren, aufgibt, geht er nicht gern Risiken ein. Im Gegenteil, sein materieller Erfolg beschäftigt ihn in allererster Linie. Gierig nach Ruhm und gequält von einem übermächtigen Bedürfnis danach, öffentlich anerkannt zu werden, widmet er Körper und Geist ganz seinen Unternehmungen und der Verwirklichung seiner ehrgeizigen gesellschaftlichen Pläne. Man hält ihn manchmal für großzügig und ergeben, aber das ist bei ihm häufig Opportunismus. Bei Bedarf zögert er nicht, sich der Arbeit anderer zu bedienen und Vorteil daraus zu ziehen – auf die einfachste Weise der Welt. Diese für das Element Erde typischen Anlagen sind für einen Hund nicht einfach zu integrieren, denn sie stehen im Widerspruch zu dem tiefen Naturell des Tieres. Bleibt dem Hund/Erde eine innere Suche, eine Arbeit an sich selbst. Er muß also die Erde als Symbol der Zuflucht und der Meditation benutzen.

Die Gesundheit des Hundes/Erde

Der Hund/Erde ist realistisch und pragmatisch. Er ist gleichermaßen listig, fantasievoll und schöpferisch, aber vor allem auf dem Gebiet des Geschäftlichen und des Handels. Im übrigen bleibt er klug und mißtrauisch und engagiert sich nicht leichtfertig. Er gibt einen ausgezeichneten Bankier, einen Geschäftsführer, einen Notar, einen Gerichtsdiener oder Politiker ab. Er wählt einen Beruf, der es ihm erlaubt, sich einen Ruf oder ein Vermögen aufzubauen, die er peinlich genau und eifersüchtig verwaltet. Tatsächlich ist er mißtrauisch, selbst gegenüber seinen Angehörigen. Der Hund/Erde zögert nicht, seine Mitarbeiter oder Familienmitglieder auszunutzen, um seine Ziele zu erreichen. Despotisch und autoritär hat er die Neigung, für seine Umgebung zum Blutsauger zu werden. Aber der Hund-Geborene ist wie das Tier treu und redlich: Der Hund/Erde kennt auch die Augenblicke ehrlicher Freundschaft, aber da die Widersprüche ihn keineswegs stören, nimmt er mit der einen Hand das zurück, was er mit der anderen gegeben hat. Manchmal glaubt man, er sei von einem merkwürdigen Gedächtnisschwund befallen ...

Ratschläge für einen Hund/Erde

Erforschen Sie Ihr Element ein wenig, lassen Sie ein bißchen den gerechten, treuen Hund auf der Suche nach dem Paradies in Ihnen sprechen, den Führhund und den Gefährten des Menschen.

Ein Jahr des Hundes/Erde

Der Höhepunkt in einem Jahr des Hundes/Erde ist der Sommer.

Sommer der Fruchtbarkeit und des Überflusses, in dem der Hund sich befreit sieht von seiner täglichen Aufgabe, der Suche nach Nahrung – Schicksal eines jeden Tieres. Stellen Sie diese Zeit in den Dienst Ihres Geistes und Ihres Herzens, arbeiten Sie an sich selbst und öffnen Sie sich den anderen, so verschieben Sie Ihre Grenzen weiter nach außen und erweitern Ihren Blick auf die Welt.

Historisches Beispiel für ein Jahr Hund/Erde

1610

Zu Beginn des Jahres kommt ein gewisser Ravaillac zum Louvre-Palast und versucht, sich gewaltsam Einlaß zu verschaffen. Er will Heinrich IV. sprechen. Durchsucht und befragt, wird er auf Anordnung des Königs fortgejagt. Wenige Tage später schafft er es, die Aufmerksamkeit des Herrschers zu erregen, der mit seiner Karosse an der Bastille vorbeifährt. »Im Namen unseres Herrn Jesus Christus und der Heiligen Jungfrau, laßt mich zu Euch sprechen!« Heinrich stößt den Störenfried zurück, und Ravaillac verschwindet in der Menge. Gequält von der Besessenheit, den König ermorden zu müssen, bleibt er eines Tages in Etampes vor einem steinernen Kruzifix stehen, wo er einen tadelnden Blick wegen seines Zögerns zu sehen glaubt. Schlagartig kehrt er nach Paris zurück, dringt in eine Herberge ein und stiehlt dort ein Küchenmesser.

Heinrich IV. steckt voll in Kriegsvorbereitungen. Er hat eine Armee von 40 000 Männern auf die Beine gestellt und einen Schatz angesammelt, der ausreichen würde, die Truppen drei Jahre lang zu unterhalten, ohne daß er von den Untertanen neue Steuern fordern müßte. Der Feind im Visier scheint sehr wohl Spanien zu sein. Sully erklärt, daß er für sein Teil davon geträumt hat, in Europa eine christliche Republik zu schaffen, eine regelrechte Vorwegnahme der Vereinigten Staaten von Europa ...

»Ein Ministerrat mußte ins Arsenal einberufen werden, da der kranke Sully nicht in den Louvre kommen konnte. Der König zögerte mit dem Aufbruch. ›Gehe ich oder gehe ich nicht?‹ sagte er zwei- oder dreimal zur Königin. Schließlich umarmte er seine Frau zärtlich, stieg die Treppe herab, schickte seine Wachen zurück und bestieg seine Karosse, begleitet vom Herzog von Epernon und zwei Adeligen. Als das schwere, sperrige Gefährt die rue Saint-Honoré verläßt, um in die enge rue de la Ferronnerie einzubiegen, ist die Durchfahrt durch zwei Karren versperrt, der eine mit Heu, der andere mit Weinfässern beladen. Einige Diener aus der Eskorte hatten sich zu Fuß aufgemacht, um dem Zug einen Weg zu bahnen. Während einiger Minuten stand der Zug vor einem kleinen Laden, der ein Aushängeschild mit einem von einem Pfeil durchbohrten Herzen hatte. Das war der Augenblick, auf den Ravaillac, der der Karosse vom Louvre her unbemerkt gefolgt war, gewartet hatte. Er stellte einen Fuß auf einen Grenzstein, den anderen auf ein Wagenrad und stieß von hinten das Messer in den König. Beim ersten Stoß hob Heinrich IV. seinen linken Arm und murmelte: ›Ich bin verletzt.‹ Der Mörder führte einen zweiten Stoß aus, der das Opfer ins Herz traf.« (G. Slocombe, Henry IV, Payot.)

Hatte Ravaillac allein gehandelt? Es hat viele Hypothesen zu diesem Thema gegeben, die besonders die alten Sympathisanten der Liga oder die Katholiken beschuldigten, die fanatisch gegen einen französisch-spanischen Krieg eintraten. Aber bis zum heutigen Tag hat man keine Gewißheit erlangen können.

Die Hinrichtung Ravaillacs

DER HUND/METALL

(Sie sind 1934 geboren)

Vom Westen am Himmel kommend, berührte die Trockenheit die Haut der Erde und erzeugte das Metall.

Die Tendenz Hund/Metall

Das Metall gehört zum Abend, zum Herbst und zur Kälte.

Der Hund/Metall balanciert zwischen der Schönheit und dem Tod, schwankt, manchmal schmerzvoll, zwischen materiellem Erfolg und geistigen Beschäftigungen, wobei er den glänzenden Erfolg sucht, aber auch ein eher inneres und geheimeres Licht. Leider hat er wie der Schmetterling die Neigung, sich zu verbrennen, sich selbst zu zerstören. Der Hund/Metall ist weitblickend und scharfsichtig, aber er kann es nicht lassen, sich selbst zu quälen, indem er seine Antriebe abbremst, seinen Schwung unterdrückt und sich die tiefgehenden Wurzeln beschneidet. Er baut sich so selbst sein Gefängnis, schmiedet seine eigenen Ketten, indem er sich ein Halseisen von Reglementierungen und eine Zwangsjacke von Dogmen anlegt. Dennoch, selbst aus Metall bleibt er Hund, voller Intuition und feiner Wahrnehmungen. Aber seine Rüstung verdammt ihn zur Einsamkeit, zum Zweifel und zum Tasten nach dem Licht.

Die Gesundheit des Hundes/Metall

Das Organ des Metalls ist die Lunge, die Geschmacksrichtung das Scharfe. Der Hund/Metall besitzt ein Heilmittel für sein Übel, vorausgesetzt, er hört mal auf seinen Körper und läßt es, sich am Atmen zu hindern ...

Der Hund/Metall und die anderen

Der Hund/Metall kümmert sich nicht viel um Skrupel; im Namen seines eigenen Erfolges überschreitet er oft die Prinzipien des Hundes, der selbst die Verkörperung von Redlichkeit und Ehrlichkeit ist. Bei ihm gibt es keine unnötigen Gefühle, keine Taten umsonst und keinen Zeitverlust – und nichts weni-

Ein unerbittlicher Jäger

ger als Diplomatie. Wenn er an die Spitze der Verantwortung kommt, besitzt der Hund/Metall einen sehr ausgeprägten Sinn für das Befehlen; alles wird sorgfältig programmiert, organisiert, nichts überläßt er dem Zufall, alles muß allein von seinem Willen abhängen. Dennoch bleibt der Zweifel in ihm, und das ist gut, um ihn davor zu schützen, daß er energisch durchgreift, wobei er sich weigert, die Ecken abzurunden, Nuancen ins Auge zu fassen und sein Urteil zu mäßigen. Alles in allem ist es schwierig, mit dem Hund/Metall zu leben, und wenn er nicht aufpaßt, beendet er sein Leben allein, als Gegenüber sich selbst und seiner Widersprüche.

Ratschläge für einen Hund/Metall

In jeder Rüstung gibt es einen Riß, Sie allein können ihn finden – wenn Sie es wollen. An diesem Punkt kommt Ihr freier Wille ins Spiel.

Ein Jahr des Hundes/Metall

Der Höhepunkt eines Hund/Metall-Jahres ist der Herbst.

Versuchen Sie, Ihr Blickfeld zu erweitern, Ihr Herz zu öffnen und auf Ihren Körper zu hören, es geht um Ihr allgemeines Gleichgewicht. Lernen Sie, auf andere zu achten, und denken Sie über die berühmte Formel »Ein gesunder Geist in einem gesunden Körper« nach.

Historisches Beispiel für ein Jahr des Hundes/Metall

1214

Als Nachfolger seines Bruders Richard Löwenherz hat 1199 Johann ohne Land den Thron Englands bestiegen. Als eher ungeliebter Herrscher stößt Johann auf den Widerstand bei der Mehrzahl seiner Vasallen. Als oberster Lehnsherr des englischen Königs erhält der König von Frankreich, Philipp August, die Beschwerde, die der Graf von Poitiers gegen Johann führt. Entsprechend dem Lehnsrecht fordert der französische Monarch den Engländer auf, vor Gericht zu erscheinen. Johann überzieht verächtlich das Ultimatum. Philipp verfügt daher die Konfiszierung aller seiner Lehen und bemächtigt sich auch der Touraine, des Anjou, der Normandie und der Bretagne. Fieberhaft schließt Johann ohne Land Bündnisse, wiegelt besonders den Kaiser des Heiligen Römischen Reiches Deutscher Nation, Otto IV., und seine Vasallen in Aquitanien auf. In Flandern kommt es zur entscheidenden Tat.

»Es ist wahrscheinlich«, schreibt der französische Historiker Michelet, »daß keine Armee mehr als 15 oder 20 Tausend Mann hatte. Philipp hatte den besten Teil seiner Kavallerie gegen Johann geschickt und hatte Teile seiner Armee, die er selbst befehligte, aus Milizen aus der Picardie zusammengesetzt. Einen Monat lang ließen die Belgier Philipp das Land königlich verheeren. Er war dabei zurückzukehren, ohne den Feind gesehen zu haben, als er ihn zwischen Lille und Tournai nahe der Brücke von Bouvines traf (27. Juli 1214). Unsere Milizen gerieten zuerst in Unordnung. Die Reiter führten einige Angriffe aus, bei einem riskierte der König von Frankreich sein Leben, er wurde von mit Haken bewaffneten Schützen zur Erde geworfen. Das Pferd des Kaisers Otto war verletzt, und er wurde auf dem Rückzug von den Seinen transportiert. Der Ruhm des Mutes, aber nicht des Sieges blieb den brabantischen Fußsoldaten. Diese alten Soldaten, ungefähr 500 an der Zahl, wollten sich nicht den Franzosen ergeben und sich lieber töten lassen.

Die Reiter widersetzten sich weniger, sie wurden in großer Anzahl gefangengenommen; in der schweren Rüstung wurde ein Mann, wenn er erst einmal vom Pferd gestiegen war, sofort gefangen. Fünf Grafen fielen in die Hände von Philipp August, die Grafen von Flandern, Boulogne, Salisbury, Tecklenburg und Dortmund. Die beiden ersten, von ihren Leuten nicht zurückgekauft, blieben Gefangene von Philipp August. Andere Gefangene gab er an die Milizen der Gemeinden, die am Kampf teilgenommen hatten. Die konnten für sie Lösegeld fordern.« (Michelet, Histoire de la France [Geschichte Frankreichs].)

Dank der Schlacht von Bouvines und ihrer Folgen konnte Philipp August den Besitz der französischen Krone verfünffachen.

Vergleichende Übersicht über die verschiedenen Elemente

Elemente	Holz	Feuer
Endziffer des Jahres	3 und 8	2 und 7
Farben	grün	rot
Jahreszeit	Frühling	Sommer
Klima	Wind	Hitze
Geschmack	sauer	bitter
Hauptorgan	Leber	Herz
Nebenorgan	Blase	Dünndarm
Nahrung	Getreide, Geflügel	Reis, Schaf

Übersicht über das Verstehen zwischen den Elementen

			Frau Holz
○○○	Wunderbares Glück	Mann/Holz	● ●
○○	gute Übereinstimmung, Verständnis	Mann/Feuer	○
○	müssen sich Mühe geben	Mann/Erde	● ●
●	Rivalität und Probleme mit gegenseitiger Beherrschung	Mann/Metall	○
●●	Disharmonie und Unverständnis	Mann/Wasser	○ ○

Erde	Metall	Wasser
0 und 5	4 und 9	1 und 6
gelb	weiß	blau
Ende des Sommers	Herbst	Winter
Feuchtigkeit	Trockenheit	Kälte
milde	scharf	salzig
Milz	Lunge	Nieren
Magen	Dickdarm	Blase
Mais, Rind	Hafer, Pferd	Erbsen, Schwein

Frau Feuer	**Frau Erde**	**Frau Metall**	**Frau Wasser**
○	○ ○ ○	○	○ ○
○	○ ○	●	● ●
○ ○	○ ○	○ ○ ○	●
● ●	●	● ●	○ ○ ○
● ●	●	○ ○ ○	○

4. Teil

DER HUND IN DEN VIER JAHRESZEITEN

動則是波。靜時是性、動

續他些子精神在這裏。

Wenn Sie im Frühling geboren sind

Hund/Widder

Es ist überhaupt nicht schlecht für den verängstigten Hund, unter dem Zeichen des Widders geboren zu werden. Das verleiht ihm ein kleines bißchen Sorglosigkeit, treibt ihn an und hilft ihm, aus sich herauszugehen. Der Hund/Widder ist weniger kleinlich als die anderen seines Zeichens. Er weiß nachzudenken, Situationen zu analysieren, aber er ist gleichzeitig in der Lage, schnell zu handeln, sich auf etwas zu stürzen. Insgesamt ist er ein ziemlich vollkommenes Wesen.

Sehr idealistisch und wenig um seinen persönlichen Komfort bekümmert, macht der Hund/Widder mehr Anstrengungen, das Alltagsleben seiner Nächsten zu verbessern, als dafür, sich ein neues Kleidungsstück kaufen zu können. Er macht sich über Äußerlichkeiten wie sein bestes Oberhemd lustig; im übrigen kann es gut sein, daß er immer dasselbe trägt, schön sauber, aber an den Manschetten etwas ausgefranst. Die neuen Hemden hat er an die Armen verteilt. Er ist zu großzügig, um Sinn für Eigentum zu entwickeln. Wenn Sie es gern haben, daß man mit Ihren Geschenken gut umgeht, machen Sie ihm keine . . . Es ist nicht Mißachtung, aber er denkt ernsthaft, daß jemand anderes es viel nötiger braucht als er.

Der Hund/Widder hat alle Eigenschaften eines außerordentlichen Kämpfers, wenn er durch irgendeine Ungerechtigkeit motiviert wird. Aber der Sinn für die Strategie fehlt ihm. Er braucht einen Gefährten, der die Schlachtpläne für ihn ausarbeitet.

Hund/Stier

Auch hier eine positive Verbindung. Der Hund zieht Nutzen aus dem gesunden Menschenverstand, der aufbauenden Kraft und der gesunden Sinnlichkeit des Stiers. Er verliert dabei ein wenig von seiner Skepsis und lernt, das Leben zu nutzen. Intelligent und von großer Anpassungsfähigkeit, weiß er von Erfah-

Hund/Stier: sensibel und verletzbar

rungen zu profitieren und eine Lehre daraus zu ziehen. Realistisch, wie er ist, kann der Hund/Stier einen guten Geschäftsmann abgeben, einen Chef, der wegen seines Gerechtigkeitssinns und seiner Einfachheit geschätzt wird. Das wenigste, was man von ihm sagen kann, ist, daß er ein Snob wäre. Er fühlt sich gern wohl, geistig und körperlich.

Er läuft Gefahr, einige Schwierigkeiten im Gefühlsbereich zu bekommen. Leidenschaftlich, treu und liebevoll, ist er schrecklich unruhig bei dem Gedanken, die Person, die er liebt, zu verlieren. Wenn er versucht, sich des Wertes der Gefühle, die man ihm entgegenbringt, zu versichern, wird er manchmal zum Ärgernis. Auf der materiellen Ebene ist er auch seinem Besitz sehr verbunden und leidet sehr unter dem kleinsten Verlust. Chauvinistisch, seinem Haus, seiner Familie und seinen Ursprüngen sehr verbunden, schützt er seine Sicherheit nachdrücklich. Ein wahrer Wachhund ... Wenn Sie einen Hund/Stier lieben, wenn er dieses Gefühl erwidert, finden Sie Ihr Leben lang Ruhe. Aber schonen Sie ihn. Er ist außerordentlich sensibel, ein wenig tolpatschig und ungeschickt, und er braucht Zärtlichkeit.

Hund/Zwillinge

Die Nervosität der Zwillinge, ihre latente Unausgeglichenheit bringt die Dinge für den Hund nicht in Ordnung. Er ist ein nervöses Tier, das nicht am Ort bleibt und nicht genau weiß, ob er nun zu Hause bleiben soll, um das Haus zu beschützen, oder ob er einen kleinen Spaziergang macht, um zu sehen, was da draußen los ist. Seine Neugier hilft ihm, seine Unruhe zu überwinden. Er ist gesellig, mag Gesellschaft, kann aber überraschen durch den Wechsel von Geschwätzigkeit und den Rückzug auf sich selbst.

Der Hund/Zwillinge ist in der Tat auf der Suche nach einer Ausgeglichenheit, die er in sich selbst nur schwer findet. Er sucht, sucht, schnüffelt überall ... Er ist ein Trüffelhund. Wenn er schnüffelt, kann er einen Schatz finden, aber auch von einer streunenden Katze gekratzt werden, denn er ist weder mißtrauisch noch wählerisch genug in seinen Beziehungen. Seine Begeisterung und seine Niedergeschlagenheit sind intensiv und lassen ihn während eines großen Teils seines Lebens durch Höhen und Tiefen gehen. Sein Lebenslauf ist einer Berg- und Talbahn sehr ähnlich.

Unterstützt von einer ausgeglichenen, friedlichen Person, die ihm hilft, sein Leben zu organisieren, seine Ziele, Einschränkungen und Grenzen zu bestimmen, kann der Hund/Zwillinge sich entwickeln, ein wenig entspannter, sogar brillant werden. Aber er ist nicht für das Alleinleben geschaffen.

Wenn Sie im Sommer geboren sind

Hund/Krebs

Wenn Sie einen Hund/Krebs treffen, vertrauen Sie nicht auf das äußere Erscheinungsbild. Er wirkt tatsächlich oft vollkommen gleichgültig, eingebildet und abgekapselt. Von allen verlassen, verachtet und unverstanden, deutet er ein kleines verächtliches Lächeln an. »Ich lasse mich doch nicht von so einer Kleinigkeit erschüttern, hören Sie mal!« Und dann sagen Sie sich: »Aber der merkt wirklich nichts, dieser Typ da.« Natürlich haben Sie unrecht. Unter allen möglichen Verbindungen zwischen chinesischen und westlichen Tierzeichen ist der Hund/Krebs vielleicht die sensibelste, die gefühlsmäßig zerbrechlichste, die verwundbarste. Aber er ist ein Meister der praktizierten Ruhe. Dennoch: Unter seiner Rüstung ist er von Wunden bedeckt, und die heilen bei ihm schlecht.

Der Hund/Krebs ähnelt einem unerschöpflichen Reservoir voll »Milch der menschlichen Zärtlichkeit«. Er versetzt sich immer in die Lage der anderen Leute, versteht sie, bedauert sie und möchte sie gern verteidigen. Unnötig, zu sagen, daß ihm das Karrieren verbaut, in denen ein kämpferischer Geist unerläßlich ist. Wenn es nicht darum geht, einem Unterdrückten gegen schreckliche Spekulanten zu helfen. Man kann ihn sich gut in der Sozialarbeit vorstellen. Er – oder sie – geht gern bei einer notleidenden Familie Gemüse putzen – unter den Augen einer Schar hungriger Knirpse. Wenn die Gemüsesuppe dann fertig ist, braucht er sie nicht mehr zu salzen, so sehr hat er heimlich hineingeweint …

Hund/Löwe

Ein Schlittenhund. Wenn er motiviert ist (bei einem Hund-Geborenen immer ein wesentliches Element), macht er ohne sichtliche Ermüdung und ohne sich zu beklagen die Reise rund um die Erde und zieht hinter sich das schwere Bündel der Verantwortlichkeiten her, die er mit bemerkenswerter Eleganz auf sich

Hund/Krebs: die Milch menschlicher Zärtlichkeit

nimmt. Er hat, tief innerlich, den Eindruck, sehr wertvoll zu sein, eine Macht zu haben, eine Anziehungskraft, die vielen fehlt. Und diese Kraft will er für ein uneigennütziges Ziel einsetzen. Er ist ein großer Herr, dieser Hund/Löwe.

Sicher, er hat Schwachpunkte: Weil er gern hilft, findet er es unverständlich, wenn man seinen Schutz ablehnt. Auch wenn er sich am Ende des Gespanns wiederfindet, frißt er alle anderen Hunde bei lebendigem Leib auf, bis seine eigene Überlegenheit anerkannt wird. Nein, nein, das geschieht nicht aus Grausamkeit! Das sehen Sie falsch. Er ist ganz einfach nicht wirklich sicher, ob er anderen Vertrauen entgegenbringen kann. Es ist für alle besser, wenn er das Spiel anführt. Um die Wahrheit zu sagen, an diesem Punkt verbindet niemand eine solche Sicherheit über den eigenen Wert mit einem solchen Mangel an Egoismus. Achtung: Wenn er anfängt, an sich zu zweifeln, dann wird das furchtbar. Seine Herrlichkeit Hund/Löwe verwandelt sich in einen bitteren, maßlosen Bastard. Helfen Sie ihm, an seine Nützlichkeit zu glauben.

Hund/Jungfrau

Mit unruhigem Blick auf der Lauer, bleibt er in der Hütte und hofft mit aller Kraft, daß niemand sein vollkommen aufgebautes Universum angreifen wird, denn das würde ihn zwingen, sich zu schlagen. Und das haßt er. Dieser friedliche, aber nervöse und verängstigte Hund sucht überall Mittel, sich schon vorher gegen Gefahren zu verteidigen, bei denen er nicht sicher ist, ob er ihnen ins Auge sehen kann. Außerdem setzt er sich selbst herab, hat Komplexe, ist kompliziert und verkrampft.

Sanft und treu nimmt er seine Rolle als Wächter des Hauses und der moralischen Werte sehr ernst, ohne diese Werte wäre nach seiner Meinung die Gesellschaft nur ein unmögliches Sammelsurium. Er hat die Seele eines Wächters. Alles geht gut, wenn die Armee hinter den Befestigungen ist, bereit, auf den Eindringling einzuschlagen. Denn das ist nicht seine Aufgabe.

Der Hund/Jungfrau hat ein großes Bedürfnis nach Ordnung. Das gibt ihm Sicherheit. Er ist genau und präzise und etikettiert seine Gefühle, um sie nicht untergehen zu lassen. Sittsam und schüchtern, weiß er sich nicht zu erklären. Er sieht Sie mit feuchten Augen an, in denen die ganze Zärtlichkeit der Welt liegt. Eine Geste, und er ist Ihnen ergeben bis in alle Ewigkeit. Ein scharfer Satz, und er läuft mit hängenden Ohren fort in seine Hütte. Sensibel und empfindsam, muß er Sicherheit spüren. Schenken Sie ihm ein modernisiertes Alarmsystem, dann kann er endlich schlafen.

Wenn Sie im Herbst geboren sind

Hund/Waage

Der Hund/Waage ist ein geselliges Wesen, das, zögernd und perfektionistisch, das ideale Gleichgewicht sucht, aber gegen den eigenen Willen einen solchen Anspruch, eine solche wählerische Art unter Beweis stellt, daß oft eigentlich nur eine Blume im Garten oder ein Stein im Mauerwerk fehlt. In dem Fall reißt er alles wieder ein und fängt von vorn an, und zwar sehr aufmerksam. In einigen Jahrhunderten wird er erfolgreich den Garten Eden wiedererrichtet haben – ohne Schlange, versteht sich.

Er ist geladen wie eine Kanone mit einem ganzen Haufen von Begabungen für die Organisation und für die Ästhetik, er hat viel Taktgefühl und Sinn für Abstufungen. Feinfühlig wie er ist, vergißt er nie einen Geburtstag und schenkt sehr gern Blumen. Aber er setzt nur sehr selten sein Wissen und seine Ideen durch, um unangenehme Geschichten und mögliche Konflikte zu vermeiden. Er ist ein Apostel der Gewaltlosigkeit, ein nachsichtiger Richter, der ohne zu verletzen vorgeht und die Probleme mit Zurückhaltung und Diplomatie löst. Er läuft Gefahr, oft von einem Haufen Schmarotzer überfallen zu werden, die er nicht hinauswerfen kann, denn er hat ein so gutes Herz ...

Wenn er wirklich etwas Konkretes im Leben schaffen will, sollte er sich mit jemandem voller Energie und Unternehmungslust zusammentun, sonst könnte er im Dilettantismus versinken. Er muß sich auch zu persönlichen Kämpfen motivieren, obwohl das seinem Naturell eher widerspricht. Er braucht die anderen ein bißchen zu sehr.

Hund/Skorpion

Der Hund/Skorpion ist kaum gesellig, und er haßt die »schikken« Auftritte. In einer (in seinen Augen mehr oder weniger) oberflächlichen Umgebung kritisiert er fröhlich die Anwesenden, das Mobiliar, die Gegend und die Gemälde an den Wänden, dann geht er und läßt eine versteinerte Gesellschaft hinter sich zurück. Als Spezialist für treffende, aber mit Vitriol durchtränkte Sprüche denkt er, daß er für andere nützlicher ist, wenn er ihnen eine gutdurchdachte Analyse ihres Verhaltens liefert, statt ihnen honigsüße, übertriebene Schmeicheleien einzuflüstern.

In der Tat liegt sein Problem bei den tiefgreifenden Unterschieden, die ihn von dem Rest der Menschheit trennen. Zutiefst unfähig, sein Leben mit kleinen Kompromissen zu verschönern, ist der Hund/Skorpion oft einsam und entwickelt leicht den Komplex, ausgeschlossen zu sein. Er fühlt sich zurückgewiesen und zurückgestoßen, selbst wenn das gar nicht der Fall ist. Unruhig, ängstlich, furchtsam und gequält ist er mit

Hund/Waage: besonders gesellig

einem Scharfblick begabt, der ihn für immer von den tröstenden Illusionen fernhält. Er kann dabei zynisch und enttäuscht sein. Aber er hat dennoch große Qualitäten: innere Kraft, Widerstandsfähigkeit, Mut, Entsagung. Aber er versteht es kaum, sich dieser Qualitäten im täglichen Leben zu bedienen. Vermeiden Sie so oft wie möglich, ihn anzugreifen. Er ist äußerst mißtrauisch, und im Kampf greift er gern zu der schnellen Philosophie des »Erst schießen, dann verhandeln« ...

Hund/Schütze

Ein unabhängiger Hund. Er braucht Raum und Freiheit und ist nicht damit zufrieden, zweimal am Tag ausgeführt zu werden. So groß ist seine Lebenskraft, daß er dazu neigt, ein wenig hinter jedem Vorübergehenden herzuspringen und zu bellen. Es ist daher wichtig, ihm von Jugend an ein Minimum an Disziplin und Respekt vor den Konventionen anzuerziehen, womit er Großes vollbringen kann.

Der Hund/Schütze ist ein heißblütiger Idealist, der sich als mittelalterlicher Ritter sicher wohler fühlen würde, wenn er die Farben seiner Schönen hochhält, als heute, wo er gezwungen ist, an den Schaltern der Post oder der Krankenkasse Schlange zu stehen. Diese Dienste aller Art, er ist ja dafür, aber es muß schnell gehen.

Er ist auch ein Moralist, ein Verteidiger des Rechts auf allen Gebieten – von einem gewissen Niveau ab. Er neigt dazu, die täglichen Sorgen als kleinlich abzutun. Aktiv zieht er gern alle Welt mit sich bei seiner Suche nach dem Gral. Vorausgesetzt, der Troß mit der Verpflegung folgt. In seinen Lieben ist der Hund/Schütze treu, nicht aus Anpassung, sondern aus einem Sinn für die Ehre. Jeder Betrug ist ihm verhaßt, und er leidet sehr, wenn die Treue beim anderen fehlt.

Wenn Sie im Winter geboren sind

Hund/Steinbock

Er läßt mich ein wenig an die wunderbaren Hirtenhunde denken, die am Rande großer Herden wachen, scheinbar friedlich, aber innerlich ständig auf der Hut und bereit, die verirrten Lämmer und die aufsässigen Schafe wieder in die Sicherheit zurückzuführen. Der Hund/Steinbock hat einen sehr ausgeprägten Sinn für seine Aufgaben und Verantwortlichkeiten, und er schläft nur auf einem Auge. Reserviert, kalt und distanziert wie er ist, hat man den Eindruck, wenn er lächelt, schneidet er Grimassen. Das kommt daher, weil er es nicht gewohnt ist. Man hält ihn für unbeteiligt, eiskalt, unsensibel, denn er ist nicht auftrumpfend, geschwätzig und beredt. Aber wenn Sie in der Patsche sitzen, hilft er Ihnen. Nicht mit tröstenden Worten (das kann er nicht), sondern mit Taten. Das ist sehr angenehm.

Der Hund/Steinbock ist ein heimlicher Sensibler, der sich hinter einem sehr schönen Gebäude von Ironie versteckt. Aber wenn ihn ein Gefühl überfällt, verliert er auch seine Möglichkeiten, er wird rot und blaß und stumm wie ein Fisch.

Er ist ein Mensch, der viel Sicherheit gibt, aber es ist nicht leicht, mit ihm zu leben, denn er ist unfähig, den kleinsten Kompromiß zu akzeptieren. Von stolzer Ehrlichkeit, respektiert er unverbrüchlich seine zahlreichen moralischen Prinzipien und tut seine Pflicht. »Tu auf dem Weg energisch deine große und harte Aufgabe, so wie das Schicksal dich gerufen hat, dann leide und stirb wortlos wie ich.« Erinnert Sie das an irgend etwas?

Hund/Wassermann

Erfinderisch und idealistisch, trifft er selten auf Aufgaben in der Höhe seines Ehrgeizes, und trotz seines guten Willens fühlt er sich nicht oft motiviert. Daher kommt eine unbestimmte Bitterkeit, eine Unzufriedenheit, verborgen hinter einem spöttischen Verhalten. Der Hund/Wassermann hat einen etwas zynischen, überheblichen Humor, den er häufig ins Spiel bringt, aber er fragt sich oft, was er da eigentlich tut. Wenn man ihn angreift, versteht er nichts. Wenn man die angreift, die er liebt, beißt er. Achtung! Man darf ihn nicht wegen seiner friedlichen Haltung für ein Schoßhündchen halten. Der Hund/Wassermann ist durchaus in der Lage, sich zu schlagen. Dabei ist er ein wenig abwesend. Er läßt mich ein bißchen an den Satz von Jean Anouilh denken: »Wenn die Soldaten anfangen nachzudenken, kann man nur noch Stühle auf die Schlachtfelder tragen ...«

Er besitzt in intensivem Grad die Art von klarem Mut, der bei einigen dazu führt, ihr Leben zu riskieren für eine Sache, an die sie gar nicht glauben. Treu gegenüber seinen Freunden, seiner Familie ergeben, ist er großzügig, nachsichtig und wenig autoritär. Aber verschwiegen. Ihm eine Vertraulichkeit zu entreißen, grenzt an ein Wunder. Wenn Sie dabei erfolgreich sind, wundern Sie sich nicht, wenn er dann zwei Wochen verschwindet. Er erholt sich ...

Hund/Fische

Als fantasievoller und mildtätiger Hund ist er glücklich und ausgeglichen, wenn er ein stabiles Gefühlsleben hat. Er ist in der Tat in der Lage, unendlich zu leiden, sich in Pessimismus und Melancholie zu stürzen, wenn er seine Zuneigung nicht äußern kann.

Der Hund/Fische liebt es, dienstbar zu sein, und er ist nie so glücklich, als wenn man ihm sagt: »Ich könnte ohne dich nichts tun.« Das gibt ihm Rechtfertigung und den Eindruck, zu leben. Das Problem ist seine Passivität. Er überläßt gern anderen die materiellen Verantwortlichkeiten und die Sorge, den Kessel am Kochen zu halten. Im übrigen ist er weder ehrgeizig noch eigennützig. Man kann ihn sich leicht als lächelnden, ein wenig abgerissenen Hippie vorstellen. Sie schmelzen dahin, wenn er unter Ihrem Fenster nostalgische Balladen singt, die von einer Welt voller Frieden, Liebe und Harmonie erzählen. Nach einigen Jahren tut es Ihnen leid, daß er nur singt.

Hund/Steinbock:
kalt und distanziert

Der Hund/Fische braucht einen Beruf, der weder Disziplin noch feste Strukturen erfordert. Nach seinem Rhythmus zu leben und irgend etwas zu essen zu haben, reicht ihm zu seinem Glück. Vor allem stören Sie ihn nicht, das könnte ihn wütend machen ...

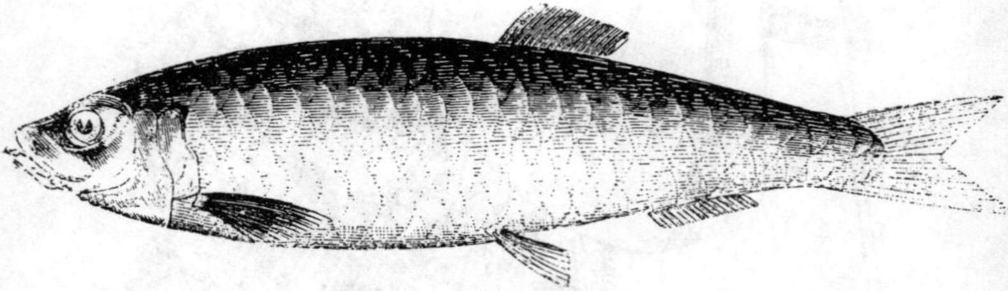

5. Teil

DAS ASTROLOGISCHE YI-KING-SPIEL

然聖人如此說、便是有此理。

問死者魂氣既散、而立主以主

些子氣在這裏否。曰、古人自始死、弔魂復魄、立重設主、便是常

YI-KING
UND DER HUND

Yi-King ist ein Wahrsagespiel. Sie stellen Ihre Frage und bekommen eine Antwort. Aber Sie stellen Ihre Frage als HUND: Das Räderwerk, der ganze Mechanismus Ihres Geistes wird sich in Bewegung setzen. Sie stellen eine HUND-Frage, Yi-King gibt eine HUND-»Lösung«, über die Sie als HUND nachdenken können, bevor Sie daraus eine HUND-Schlußfolgerung ziehen.

Für Sie, Meister HUND, hier die 64 Hexagramme des Yi-King, 64 Hypothesen für den HUND.

Der Spieler sitzt vor einem Hexagramm, das die »hypothetische Antwort« auf seine Frage ist, oder genauer die Verbindung der Kräfte, die sich in bezug auf die Frage oder das erwartete Ereignis bewegen.

So wird gespielt:

1. *Die Frage*

Stellen Sie eine Frage zu irgendeinem Problem der Gegenwart oder der Zukunft, das Sie persönlich betrifft. (Menschen in Ihrer Umgebung sollten das Yi-King-Spiel in dem entsprechenden Buch über ihr eigenes chinesisches Sternzeichen nachschlagen!)

2. *Die Auslosung*

Sie muß bei voller Konzentration stattfinden.

Nehmen Sie drei normale gleiche Geldmünzen, zum Beispiel drei Markstücke.

Bevor Sie anfangen, merken Sie sich dies:

Kopf = die Zahl 3
Zahl = die Zahl 2

Werfen Sie die Münzen.

Bei zwei Münzen mit Kopf und einer mit der Zahl, schreiben Sie 3 + 3 + 2 auf. Das macht zusammen 8, was Sie durch eine gerade Linie ——— darstellen.

Dieselbe Linie, wenn Sie dreimal Kopf geworfen haben (3 + 3 + 3 = 9).

Bei zweimal Zahl und einmal Kopf (2 + 2 + 3 = 7) oder dreimal Zahl (2 + 2 + 2 =6) zeichnen Sie zwei getrennte Linien — —

Zusammenfassung: 8 und 9 entsprechen ——— (Yin)
6 und 7 entsprechen — — (Yang)

Wiederholen Sie diesen Vorgang sechsmal, und zeichnen Sie dabei jedesmal die Linienkombination auf. Dabei gehen Sie von der ersten bis zur sechsten Figur von unten nach oben vor.

Das **Endergebnis** ist eine untere Dreierkombination (Beispiel: ☲) und eine obere Dreierkombination (Beispiel: ☵), die zusammen ein **Yi-King-Hexagramm** ergeben, in unserem Beispiel:

Sie brauchen nur noch die dazugehörige Zahl in der Übersicht (S. 124/125) nachzuschlagen und dann die Übersicht der Hexagramme nach der Antwort zu befragen. In unserem Fall trägt das Hexagramm die Nummer 63.

Übersicht über die Hexagramme

Dreier-kombination unten	oben ☰	☷	☳
☰	1	11	34
☷	12	2	16
☳	25	24	51
☵	6	7	40
☶	33	15	62
☴	44	46	32
☲	13	36	55
☱	10	19	54

Benutzen Sie diese Übersicht, um die Hexagramme zu finden. Am Schnittpunkt der unteren und der oberen Dreier-

oben

☵	☶	☴	☲	☱
5	26	9	14	43
8	23	20	35	45
3	27	42	21	17
29	4	59	64	47
39	52	53	56	31
48	18	57	50	28
63	22	37	30	49
60	41	61	38	58

kombination finden Sie die Nummer des Hexagramms, die Sie brauchen.

二百八十七

Der jugendliche Übermut

DIE HEXAGRAMME DES HUNDES

K'IEN

1 ䷀ *Der Schöpferische.* Energie, Kraft, der Wille und der Geist des Schöpfers. Der unruhige Hund muß die Zeit als Hilfsmittel und nicht als Instrument für seine Ängste benutzen. Wenn er doch aufhören würde, sich ständig in die Zukunft zu denken. Das ist quälend und fruchtlos.

K'OUEN

2 ䷁ *Der Empfängliche.* Sie sind sensibel und intuitiv. Sie können diese Erde, die Sie sanft trägt, nicht verleugnen. Sie ist Ihr Partner.

TCHOUEN

3 ䷂ *Die Grundschwierigkeit.* Sie können nicht weiter im Nebel marschieren, nicht einmal bei guter Sicht. Um so mehr, da Sie die Macht haben, die Zeit zu beeinflussen. Also, setzen Sie diese kostbare Fähigkeit gründlich ein.

MONG

4 ䷃ *Der jugendliche Übermut.* »Nicht ich suche den jungen Narren, der junge Narr sucht mich.« Es ist nicht der junge Hund, dem man beibringt, Sprünge zu machen. Ein Hindernis zu leugnen, vertreibt die Gefahr nicht. Eine Gefahr zu kennen, heißt schon, ihre Folgen eingrenzen.

SU

5 ䷄ *Das Warten.* Darf keine Quelle der Angst sein, sondern Selbstbeherrschung. Vergessen Sie alles, was jetzt nicht *hier* ist.

SONG

6 ䷅ *Der Konflikt.* Suchen Sie lieber das Gespräch als den Angriff. Er wäre kaum günstig für Sie. Geben Sie sich nicht Ihren aggressiven Trieben hin.

SZE

7 ䷆ *Die Armee.* Versuchen Sie, sich zu vereinen, um besser kämpfen zu können. Die verlangte Unterwerfung ist nur eine Frage des guten Willens. Sie wird Ihnen in jeder Hinsicht von Nutzen sein.

PI

8 ䷇ *Die Solidarität.* Und ihre verschiedenen Ausdrucksformen: Familie, Gruppe, Gewerkschaft, Nation, Kirche mit dem Ziel zu siegen. Sie haben dort einen Vorzugsplatz.

SIAO TCH'OU

9 ䷈ *Die Macht, das Kleine zu zähmen.* Berechnen Sie die Entfernung nicht nach der Länge Ihrer Leine. So eine Methode würde Sie zu tragischen Irrtümern führen.

LI

10 ䷉ *Der Marsch.* »Marschieren Sie am Schwanzende des Tigers, dann beißt er den Menschen nicht.« Selbst für einen Jagd- oder Polizeihund bleibt das Unternehmen schwierig und erfordert Wissen und Takt. Passen Sie auf, daß Sie sich genauestens an Vorschriften und Gebräuche halten.

TAI

11 ䷊ *Der Friede.* Er ist nicht stabiler als der zwischen Hund und Katze. Beharren Sie nicht, stecken Sie Ihr Gebiet ab, bleiben Sie ganz ruhig zu Hause, reizen Sie Ihre Nachbarn nicht – der kleinste Funke könnte eine Explosion auslösen.

P'I

12 ䷋ *Die Stagnation.* Sie brauchen nicht in feierlicher Haltung ganz oben auf Ihrer Hütte zu sitzen. Nehmen Sie lieber eine bequeme, entspannte Lage ein – und lassen Sie den Platzregen vorübergehen.

T'ONG JEN

13 ䷌ *Die Gemeinschaft mit den Menschen.* Leben Sie im hellen Tageslicht, arbeiten Sie in der Sonne, bei natürlichem Licht, haben Sie Selbstvertrauen, und der Erfolg ist sicher. Und hören Sie vor allem nicht auf die inneren Teufel, die Sie dazu treiben, sich auf sich selbst zurückzuziehen.

14 ䷍ TA YEOU

Das große Haben. Das Schwierigste ist, es zu behalten, vor allem wenn eine ständige, fast krankhafte Angst dazukommt.

K'IEN

15 ䷎ *Die Demut.* Suchen Sie das Gleichgewicht und bleiben Sie seinen Prinzipien und seiner Lebenslinie treu. Für einen Hund ist das machbar, vorausgesetzt, er zweifelt nicht dauernd an seinem Schicksal und seinen Möglichkeiten.

YU

16 ䷏ *Die Begeisterung.* Sie müssen Ihren Pessimismus besiegen und sich durchschlagskräftiger und bissiger zeigen. Werden Sie zum jungen Wolf, sprengen Sie Ihr Halsband. Sie können aus sich selbst heraus und in aller Unabhängigkeit große Dinge unternehmen.

SOUEI

17 ䷐ *Die Abfolge.* Oder das Ergebnis Ihres ungewöhnlichen Charmes und Ihres Zaubers. Ihre ein wenig fremdartige und melancholische Verführung schlägt voll ein.

KOU

18 ䷑ *Die Arbeit an dem, was schlecht ist.* Nehmen Sie nicht die Erde als Zeuge Ihres Unglücks. Seien Sie selbstsicherer, weniger masochistisch, heben Sie Ihren Kopf wieder und führen Sie sich nicht selbst zum Schafott.

LIN

19 ䷒ *Die Annäherung.* Schätzen Sie Ihre Chancen und Ihre Möglichkeiten sorgfältig ein, bevor Sie sich engagieren. Voreilige Entscheidungen könnten für Sie fatal werden.

KOUAN

20 ䷓ *Die Kontemplation.* Klettern Sie auf die Spitze des Turmes, um dort nachzudenken, aber vergessen Sie nicht, wieder herunterzusteigen. Sonst verwandelt sich Ihre Einsamkeit leicht in ein Gefängnis.

CHE HO

21 ䷔ *Die Fehler angehen oder Der Kriminalprozeß.* Gehen Sie zum Angriff über, beißen Sie mit den Zähnen zu, statuieren Sie ein Exempel. Sind Sie nicht der Bewacher, der drohende Zerberus? Die Lüge hat keine Chance.

PI

22 ䷕ *Die Anmut.* Selbst wenn man Ihnen einen schönen Knochen anbietet, versichern Sie sich, daß das nicht eine Falle ist und daß sich dahinter nicht irgendeine Bombe verbirgt. Setzen Sie Ihren Spürsinn gründlich ein, die Tricks der Feinde werden sich gegen sie selbst wenden.

PO

23 ䷖ *Der Knall.* Gehen Sie nicht auf sumpfiges Gelände; wenn Sie im Gebirge sind, geben Sie auf Lawinen und Erdrutsche acht, deren Anfänge mit bloßem Auge nicht erkennbar sind. Verdoppeln Sie Ihre Vorsicht, jedoch ohne Panik und Kleinmut.

FOU

24 ䷗ *Die Rückkehr.* Verlassen Sie Ihre Hütte, gehen Sie wieder an die frische Luft und ans Licht, springen Sie über die Weiden. Lassen Sie sich von den Düften der Natur und den Farben des Himmels berauschen. Der Frühling ist da!

WOU WANG

25 ䷘ *Die Unschuld.* Sie sind intuitiv, haben Instinkt und Scharfsinn, es kann aber passieren, daß Sie sich irren. Halten Sie also nicht daran fest, dem falschen Weg zu folgen, er kann Sie leicht zum Schrottplatz führen.

TA TCH'OU

26 ䷙ *Die Macht, das Große zu zähmen.* Macht und Kraft. Also zweifeln Sie einmal nicht an sich, aber denken Sie dennoch daran, sich in Frage zu stellen. Es ist unverzichtbar, sich zu bewegen, um das Einsinken zu vermeiden.

YI

27 *Die Mundwinkel.* Nahrung des Körpers und des Geistes. Selbst bei Bärenhunger und Wissensdurst reicht es nicht, einfach zu schlingen, man muß verdauen können. Je mehr Sie aufnehmen, körperlich und geistig, desto schwieriger wird die Verarbeitung.

TA KOUO

28 *Die Überlegenheit des Großen.* Trotz Ihrer Treue und Anhänglichkeit: Laden Sie sich nicht, nicht einmal im Namen der Freundschaft, Bürden und Verantwortlichkeiten auf, die Sie nicht tragen können. Denken Sie an Ihre Neigung zum Opfer und dazu, den Retter zu spielen.

KAN

29 *Das Unergründliche, das Wasser.* Sie, der Sie Wächter sind, bleiben Sie wach und auf der Hut, es ist vor allem nicht der Augenblick, Ihren Posten zu verlassen. Der Feind zieht den Nutzen daraus, um einzudringen und Sie zu vernichten.

LI

30 *Was sich verbindet, das Feuer.* Versuchen Sie nicht, an Ihrer Kette zu zerren, lösen Sie lieber das Halsband. Die wahre Unabhängigkeit liegt in dem tiefen Verständnis der engen Verbindungen, die Sie mit dem Rest des Universums vereinen.

HIEN

31 *Der Einfluß.* Verschenken Sie nicht Ihre Trümpfe und Möglichkeiten, indem Sie auf morgen verschieben, was heute noch getan werden muß. Machen Sie sich sofort an die Arbeit, ohne sich von der Schwierigkeit der Aufgabe entmutigen zu lassen.

HONG

32 ䷟ *Die Dauer.* Fragen Sie sich nicht ständig und sinnlos nach dem Wie und Warum des erreichten Ergebnisses, es ist erreicht, das ist das Wesentliche. Groß darüber zu reden, nützt gar nichts. Aber zögern Sie nicht, sich innerlich in Frage zu stellen, an sich zu arbeiten, damit Sie Striktheit und Klarsicht erreichen, ohne daß Sie dabei zuviel tun und Trübsal blasen.

TCHOUEN

33 ䷠ *Der Rückzug.* Obwohl Sie die Einsamkeit sehr schwer ertragen, ist sie sehr wirkungsvoll. Aber heulen Sie nicht wie wild, um Ihre Entscheidung bekanntzugeben. Ziehen Sie sich still zurück, ohne Pauken und Trompeten. Die Stille ist heute Ihr sicherster Verbündeter.

TA TCH'OUANG

34 ䷡ *Die Macht des Großen.* Kraft, Bewegung, Energie. Lassen Sie sich nicht blenden von Ihrem Weg, Sie könnten mit blutigen Pfoten in einem Hohlweg landen. Sie sind positiv in Schwung, vorausgesetzt, Sie behalten einen kühlen Kopf.

TSIN

35 ䷢ *Der Fortschritt.* Wenn man Ihnen eine Nebenrolle anbietet, nehmen Sie das nicht übel, es geschieht keineswegs, um Sie im Schatten zu lassen. Gewöhnen Sie sich langsam an das Licht. Sonst laufen Sie Gefahr, geblendet, blind und zerstört zu werden. Aus dem Dunkel heraus sieht man die äußere Helligkeit am besten.

MING YI

36 

Die Verfinsterung des Lichts. Verlieren Sie den Mut nicht, Sie allein kennen den Notausgang, Sie sind daher unentbehrlich. Von allen Seiten wird man um Ihre Unterstützung betteln, Sie anflehen, einzugreifen und den Weg zu zeigen.

KIA JEN

37 

Die Familie. Sie brauchen sie, sie ist Teil Ihres Gleichgewichts. Aber geben Sie sich nicht mit einer passiven Rolle zufrieden: Ihr Schutz ist wichtig für Sie. Seien Sie mehr als je zuvor Führer und Ratgeber.

K'OUEI

38 

Der Gegensatz. Es braucht Hunde und Katzen, um eine Welt zu schaffen. Man fordert Sie nicht auf, zu miauen, jedem seine Sprache …

KIEN

39 

Das Hindernis. Sie sind in der Lage, mit einem Satz eine Mauer zu überspringen, aber passen Sie auf, was Sie auf der anderen Seite erwartet. Sie könnten sehr unangenehme Überraschungen erleben.

HIAI

40 

Die Befreiung. Sie sind aus dem Sumpf hervorgekommen, nehmen Sie Ihren üblichen Weg wieder auf, bleiben Sie nicht allein. Die Freunde kommen spontan zu Ihnen, und der Erfolg ist Ihnen hold – wenn Sie die bösen Erinnerungen verjagen.

SOUEN

41 

Die Verkleinerung. Wenn kein Fleisch mehr da ist, gibt es vielleicht noch Knochen. Man muß die Situation akzeptieren und hinter den manchmal mürrischen Gesichtern und den doppeldeutigen Gesten die guten Absichten erkennen können.

YI

42 *Die Vermehrung.* Zögern Sie einmal nicht, Opportunist zu sein. Glauben Sie an die Chance, die sich Ihnen anbietet, und nutzen Sie sie. Sie kommt vielleicht nicht so schnell zurück.

KOUAI

43 *Der Durchbruch.* Streben Sie eine feste und autoritäre Haltung an und zeigen Sie bei Bedarf die Zähne. Lassen Sie sich nicht einschüchtern oder beeindrucken. Sie haben die Kraft, die kritischsten Situationen zu meistern und Ihre Feinde beiseite zu räumen.

KEOU

44 *Zur Begegnung kommen.* Sie sind kein Mann der Kompromittierungen und der trüben Wasser, brechen Sie die Brücken ab. Und hüten Sie sich vor der Katze, die schnurrend schläft. Sie hat Krallen.

TS'OUEI

45 *Die Versammlung.* Um daran teilzunehmen, müssen Sie fühlen, daß Sie das etwas angeht, und eine wirkliche Nähe zu der Gruppe haben. Fühlen Sie sich nicht verpflichtet, sich unter die Menschen zu mischen, und hüten Sie sich vor Herausforderern. Für sie sind Sie eine leichte Beute.

CHENG

46 *Der Drang nach oben.* Sie werden angetrieben und erfahren einen glänzenden Aufstieg in der Hierarchie. Machen Sie keinen Schritt zurück, seien Sie sorgfältig, genau und entschieden. Und schlagen Sie unterwegs keine andere Richtung ein.

K'OUEN

47 

Die Niedergeschlagenheit. Sie sind nicht in bester Form, akzeptieren Sie diese vorübergehende Niedergeschlagenheit, ohne den Kopf hängenzulassen oder den Rücken zu krümmen. Und verzweifeln Sie nicht, wenn Sie um sich herum Anzeichen von Ungeduld und negative, feindliche Haltungen bemerken.

TSING

48 

Der Brunnen. Verleugnen Sie nicht die Vergangenheit unter dem Vorwand der Entwicklung. Man muß neu aufbauen, aber indem man die Fundamente erhält. Überschätzen Sie Ihre Kräfte nicht. Das Eingeständnis einer Niederlage könnte für Sie dramatische Folgen haben.

KO

49 

Die Revolution. Legen Sie sich ein neues Fell zu und brechen Sie fröhlichen Schrittes wieder auf, und dann enthalten Sie sich jeder Aktion und jeder Verpflichtung. Die Lage ist zweideutig, sie kann zum Guten oder zum Schlechten umschlagen.

TING

50 

Der Kessel. Symbolisiert die fünf Elemente Erde, Holz, Feuer, Wasser, Metall. Nahrung des Körpers und des Geistes. Vernachlässigen Sie nicht das eine zugunsten des anderen, halten Sie sich an das Gleichgewicht. Was Sie dem Geistigen zuschreiben, hat oft körperlichen Ursprung – und umgekehrt.

Der Drang nach oben:
Seien Sie sorgfältig

TCHEN

51 ䷲ *Der Erwecker, die Erschütterung, der Donner.* Pessimistisch oder nicht, furchtsam oder nicht, man muß sich der Tatsache stellen, daß am Horizont keine Schönwetterperiode ist. Aber ändern Sie nicht den Gebrauch Ihrer Zeit oder Ihre Richtung, sonst machen Sie Ihre Probleme nur noch komplizierter.

KEN

52 ䷳ *Die Unbeweglichkeit.* Kämpfen Sie nicht gegen Windmühlenflügel, beruhigen Sie sich, isolieren Sie sich für eine Weile und denken Sie an die guten Tage. Bemühen Sie sich, Ihre Fantastereien zu zerstreuen, sie können nur zerstörerisch sein.

TSIEN

53 ䷴ *Der schrittweise Fortschritt.* Selbst wenn Sie auf die Spitze Ihrer Hütte klettern, werden Sie nicht die Sterne erreichen. Setzen Sie sich ein erreichbares Ziel, und dann bemühen Sie sich, es auch wirklich zu erreichen. Schritt für Schritt.

KOUEI MEI

54 ䷵ *Die Braut.* Stürzen Sie sich nicht darauf wie der Hund auf einen Knochen. Sanftheit, Takt, Zärtlichkeit.

FONG

55 ䷶ *Der Überfluß.* Es ist Zeit zu ernten und einzufahren, mit Blick auf die schlechten Tage. Im Augenblick jedenfalls lächelt Ihnen das Glück.

LIU

56 ䷷ *Der Reisende.* Man muß das Schiff, den Tisch oder die Hütte zu verlassen wissen, die Freiheit und die Weite stehen am Ende der Reise.

SOUEN

57 ䷸ *Das Sanfte.* Versuchen, Einfluß zu nehmen, raffiniert zu überzeugen. Wie der Wind, der an der Eingangstür säuselt.

TOUEI

58 ䷹ *Das Heitere, das Fröhliche.* Der treue Gefährte Hund kennt den Preis der Freundschaft. Nehmen Sie nur an, was Sie auch zurückgeben können.

HOUAN

59 ䷺ *Die Auflösung.* Man muß den Egoismus, die Angst und den Zweifel bekämpfen, die Unsicherheit und die Entmutigung beherrschen. In diesem Sinn: Zögern Sie nicht, sich Verbündete zu suchen und um Hilfe zu bitten.

TSIE

60 ䷻ *Die Begrenzung.* Sie kann von Ketten und Stacheldraht herrühren oder von einer freiwillig angenommenen Disziplin. Streben Sie das zweite an.

TCHONG FOU

61 ䷼ *Die innere Wahrheit.* Versuchen Sie nicht, sie mit schönen Worten mitzuteilen, das wäre nur Sand in den Augen. Legen Sie eher durch Ihre Art und Ihr Verhalten Zeugnis ab. Seien Sie ein lebendes Beispiel.

SIAO KOUO

62 ䷽ *Das Übergewicht des Kleinen.* Gehen Sie nicht allein mitten in der Nacht in den Wald, selbst wenn Sie Jagdhund sind und plötzlich Lust verspüren, das Wild zu hetzen.

KI TSI

63 

Nach der Vollendung. Schwer vorzustellen für einen pessimistischen, verängstigten Hund. Dennoch sollten Sie auch im Zustand des Gleichgewichts und der Selbstbeherrschung wissen, daß nach jedem Aufstieg der Abstieg unvermeidlich ist. Das ins Auge zu fassen, heißt, den Absturz vermeiden.

WEI TSI

64 

Vor der Vollendung. Ihr ständiger Zweifel kann sich in Weisheit und Tugend verwandeln, wenn er nicht auf der Angst, sondern auf der Geduld beruht.

Übersicht über die Jahre, die zu den chinesischen Zeichen gehören

Die Ratte	Der Büffel	Der Tiger
31.1.1900 / 19.2.1901	19.2.1901 / 8.2.1902	8.2.1902 / 29.1.1903
18.2.1912 / 6.2.1913	6.2.1913 / 26.1.1914	26.1.1914 / 14.2.1915
5.2.1924 / 25.1.1925	25.1.1925 / 13.2.1926	13.2.1926 / 2.2.1927
24.1.1936 / 11.2.1937	11.2.1937 / 31.1.1938	31.1.1938 / 19.2.1939
10.2.1948 / 29.1.1949	29.1.1949 / 17.2.1950	17.2.1950 / 6.2.1951
28.1.1960 / 15.2.1961	15.2.1961 / 5.2.1962	5.2.1962 / 25.1.1963
15.2.1972 / 2.2.1973	3.2.1973 / 22.1.1974	23.1.1974 / 10.2.1975
2.2.1984 / 19.2.1985	20.2.1985 / 8.2.1986	9.2.1986 / 28.1.1987

Die Katze	Der Drache	Die Schlange
29.1.1903 / 16.2.1904	16.2.1904 / 4.2.1905	4.2.1905 / 25.1.1906
14.2.1915 / 3.2.1916	3.2.1916 / 23.1.1917	23.1.1917 / 11.2.1918
2.2.1927 / 23.1.1928	23.1.1928 / 10.2.1929	10.2.1929 / 30.1.1930
19.2.1939 / 8.2.1940	8.2.1940 / 27.1.1941	27.1.1941 / 15.2.1942
6.2.1951 / 27.1.1952	27.1.1952 / 14.2.1953	14.2.1953 / 3.2.1954
25.1.1963 / 13.2.1964	13.2.1964 / 2.2.1965	21.2.1965 / 21.1.1966
11.2.1975 / 30.1.1976	31.1.1976 / 17.2.1977	18.2.1977 / 6.2.1978
29.1.1987 / 16.2.1988	17.2.1988 / 5.2.1989	6.2.1989 / 26.1.1990

Das Pferd	Die Ziege	Der Affe
25.1.1906 / 13.2.1907	13.2.1907 / 2.2.1908	2.2.1908 / 22.1.1909
11.2.1918 / 1.2.1919	1.2.1919 / 20.2.1920	20.2.1920 / 8.2.1921
30.1.1930 / 17.2.1931	17.2.1931 / 6.2.1932	6.2.1932 / 26.1.1933
15.2.1942 / 5.2.1943	5.2.1943 / 25.1.1944	25.1.1944 / 13.2.1945
3.2.1954 / 25.1.1955	24.1.1955 / 12.2.1956	12.2.1956 / 31.1.1957
21.1.1966 / 9.2.1967	9.2.1967 / 29.1.1968	29.1.1968 / 16.2.1969
7.2.1978 / 27.1.1979	28.1.1979 / 15.2.1980	16.2.1980 / 4.2.1981
27.1.1990 / 14.2.1991	15.2.1991 / 3.2.1992	4.2.1992 / 22.1.1993

Der Hahn	Der Hund	Das Schwein
22.1.1909 / 10.2.1910	10.2.1910 / 30.1.1911	30.1.1911 / 18.2.1912
8.2.1921 / 28.1.1922	28.1.1922 / 16.2.1923	16.2.1923 / 5.2.1924
26.1.1933 / 14.2.1934	14.2.1934 / 4.2.1935	4.2.1935 / 24.1.1936
13.2.1945 / 2.2.1946	2.2.1946 / 22.1.1947	22.1.1947 / 10.2.1948
31.1.1957 / 16.2.1958	16.2.1958 / 8.2.1959	8.2.1959 / 28.1.1960
17.2.1969 / 5.2.1970	6.2.1970 / 26.1.1971	27.1.1971 / 14.2.1972
5.2.1981 / 24.1.1982	25.1.1982 / 12.2.1983	13.2.1983 / 1.2.1984
23.1.1993 / 9.2.1994	10.2.1994 / 30.1.1995	31.1.1995 / 18.2.1996

Die angegebenen Daten beziehen sich auf den *ersten* und den *letzten Tag* im Jahr des betreffenden Zeichens.

BIBLIOGRAPHIE

Catherine Aubier, ASTROLOGIE CHINOISE (M. A. Editions)

Paula Delsol, HOROSCOPES CHINOIS (Mercure de France)

Xavier Frigara und Helen Li, TRADITION ASTROLOGIQUE CHINOISE (Dangles)

Jean-Michel de Kermadec, LES HUIT SIGNES DE VOTRE DESTIN (L'Asiathèque)

Suzanne White, L'ASTROLOGIE CHINOISE (Tchou)

Yi-King:

LE LIVRE DES MUTATIONS (Editions Médicis)

Dominique Devic, LE YI-KING (L'Autre Monde, Nr. 16)